中國國民黨
中央政治會議紀錄

—— 武漢分會 ——

（上）

Minutes of Central Political Council:

Wuhan Sub Political Council

Section I

導言

「中央政治會議」（簡稱中政會），原是1924年國民黨改組時期的產物。該會自1924年建立到1940年代，其名稱、組織、人事、功能，隨時局迭有變遷。概略地說，改組前，國民黨的組織採總理制，孫中山是不二的黨魁；改組後取委員制，這是有鑑於中央執行委員人數太多（41人），運作不易，孫中山聽取俄國顧問鮑羅廷（M. Borodin）的建議，仿俄共中央政治局的模式，建立一個核心、人少的中政會，以為運作靈活的決策中樞。

孫中山過世之前，中政會設在廣州，南方的凝聚、國共糾紛的處理，是他們首要的工作。廣州中政會隨孫中山北上移往北京，1925年孫中山過世後，遷回廣州。這時他們主要的重頭戲是總理過世後，國民黨政治權力的傳承與轉移，這過程中鮑羅廷的角色，動見觀瞻。1926年1月，國民黨第二次全代會修正的黨的「總章」，賦與中政會黨規上的合法性。接著的二屆一中全會（1926年1月23日）通過〈政治委員會組織條例〉（全文如附件），推定汪精衛、譚延闓、胡漢民、蔣中正、伍朝樞、孫科、譚平山、朱培德、宋子文為委員，並同意在重要地方可設立地方分會，自是北伐後中央政治會議各地設立分會有了正式法源。由於中政會與中常會，不論委員人選或權力分配上，

均有疊床架屋之虞，1926 年 7 月初，中常會決定將兩會合併為「中央政治會議」，委員有 26 人。但因為時局動盪，中政會在國共爭執、黨內左右派互爭下，權力起伏不一。

1927 年 3 月，在軍事北伐過程中，武漢國民黨左派勢力集結，又改中政會為政治委員會；在南昌的國民黨中央，則仍依廣州中政會常規以政治會議持續運作，後來逐漸演變為寧漢分裂的局面。當 1927 年 9 月，寧漢合作，中央特別委員會在南京成立，中政會也宣告消失，該年 12 月底，特委會結束，1928 年 1 月 7 日，中執會首先恢復了中常會；1 月 11 日，恢復中政會，仍稱為政治會議。1928 年 2 月 3 日，國民黨二屆四中全會通過議案，決定設置廣州、武漢、開封、太原四個政治分會，稍後並由李濟深、李宗仁、馮玉祥、閻錫山分任主席，各有歷史淵源、特定轄區、各具現實意義。中政會是國民黨中央執行委員會特設的政治指導機關，其決議由中執會交國民政府執行，地方分會則秉承中政會的決定，在特定地區內有指導、監督該地最高政府之權力。這些地方分會常隨政治變動而變動，中政會則持續運作，直至 1940 年代才告一段落。

1926 年 1 月，國民黨第二次全代會，既有決議國民政府所在地設立政治委員會，必要時可以在重要地點分設政治指導機關之規定，於是中政會地方分會先後成立，並隨政局變動不居，自有其任務和角色。目前中政會北京、廣州、上海及太原地方政治分會留存有會議紀錄，依檔案略窺其設置情形如次：

一、中央政治會議北京（北平）政治分會。1926 年 3 月 1 日，北京首先設立分會，當時仍在國共合作時期，故可看到中共黨員的身影。此分會委員初期包括于石任、丁惟汾、于樹德、李大釗、顧孟餘、陳友仁、劉守中、吳稚暉、李石曾、王法勤、徐謙等人。根據現存 1927 年 5 月 10 日的北京分會會議紀錄，出席人有李希逸、王法勤、江浩、徐謙、吳玉章、方如心、陳濤、陳公博等，可見不同時期有不同的人事安排。1928 年 7 月，北伐告段落，國共分裂，分會重建，更名為中政會北平臨時政治分會。委員會成員大半來自中央委員，以及對該地區有影響力的軍政人員。1928 年 7 月 17 日，北平臨時分會正式成立，轄區有京兆、直隸、熱河、山西、平津。當時出席的委員有閻錫山、蔣作賓、劉守中、白崇禧、陳調元、李宗侗，後來又有林森、張繼、李石曾、商震、劉震華、方振武、何其鞏等人。北平臨時分會會議紀錄始於1928 年 7 月，至1929 年 2 月 1 日止，共 40 次。

二、中央政治會議廣州政治分會。1926 年 10 月，北伐軍克復武漢，國民政府及國民黨中央北遷，中政會亦隨之北移，因後方根據地地位重要，中政會乃決定在廣州設立分會，該分會於 12 月 21 日成立。次年 9 月間，中央特委會雖然取消中政會，但廣州分會仍然維持。1928 年2 月二屆四中全會，再確定設立廣州政治分會，並規定兩廣為政治指導區，委員先後有李濟深、甘乃光、戴傳賢、黃紹竑、陳孚木、朱家驊、李福林、林雲陔、李文範、馮祝

萬、陳樹人、陳銘樞、陳可鈺等人。現存1926年12月21日至1929年3月9日，第1至184次會議紀錄。

　　三、中央政治會議武漢政治分會。1926年9月18日，移往南昌的第22次中政會決定在武漢設立分會。待政府遷鄂，並未成立此會。次年中央特別委員會時期，唐生智另組中政會武漢分會，委員有唐生智、顧孟餘、陳公博、王法勤、潘雲超、陳樹人、楊嘉祐、朱霽青、王樂平、孔庚、劉成禺、樊鐘秀、方振武、魯滌平、劉興、何鍵、李品仙、鄧壽荃、周斕、葉琪、王琪、李書城、馮慶柱等人。唐生智敗後，解散。1928年2月，中央二屆四次全會決定設立武漢分會，以兩湖為指導區，同年5月16日正式運作，委員先後有李宗仁、程潛、白崇禧、胡宗鐸、張知本、嚴重、陳紹寬、李隆建、張華輔、劉嶽峙、魯滌平等人，至隔年3月裁撤。現存1928年5月16日至1929年2月19日，第1至49次會議紀錄。

　　四、中央政治會議上海臨時政治委員會。1927年2月21日，中政會第62次會議決定在上海設立臨時政治委員會，同月26日第64次中政會通過〈上海臨時政治委員會條例〉七條。同一年4月8日國府定都南京後，正式成立中政會上海臨時分會，主管上海市政治、軍事、財政事務。委員先後有吳稚暉、蔡元培、鈕永建、陳其采、蔣尊簋、楊樹莊、何應欽、葉楚傖、陳果夫、郭泰祺、林煥廷、吳忠信、白崇禧、楊賢江、楊銓、褚民誼、潘公展、孟心史、張性白、歐陽格、吳倚傖、陳群。到1927年7

月，上海特別市政府成立，取消了分會。現存1927年4月
8日至7月1日，第1到38次會議紀錄。

　　五、中央政治會議太原臨時政治分會。先是中政會第
103次會議雖議決設置太原分會，但未正式成立。至1928
年2月，中央二屆四次全會決議設立太原分會。1928年
8月正式成立，委員會有閻錫山、趙戴文、賈景德、南桂
馨、商震、馬駿、溫壽泉、田桐、方本仁、張勵生、祁慈
厚等。以山西、綏遠、察哈爾為政治指導區，現存1928年
8月21日至9月7日，第1至6次會議紀錄。

　　以上五分會之會議紀錄，均依原件錄存，備供學術研
究之需。

　　依記載，1927年，國民政府定都南京後曾設立中政
會浙江分會，到中央特別委員會成立時取消；1927年6月
13日，曾設立中政會開封分會，主理陝、甘、豫諸省政
軍事務，何時結束，無案可稽。此二分會均無會議紀錄留
存，只能從闕。

附件
中央執行委員會政治委員會組織條例

——中國國民黨二屆四中全會（民國 15 年 1 月 23 日）通過

常務委員會提出「中央執行委員會政治委員會組織條例」
共計七條如下：

（一）政治委員會，為中央執行委員會特設之政治指導
機關，對於中央執行委員會負其責任。

（二）政治委員由中央執行委員會推任之。

（三）政治委員會，認為必要時，得推任同志在某地方
組織分會，其權限由政治委員會定之。

（四）政治委員會設委員若干人，候補委員若干人，政
治委員有缺席時，由出席之候補委員依次遞補，
有臨時表決權，餘只有發言權。

（五）中央執行委員會，得聘任政治執行委員會顧問，
在政治委員會只有發言權。

（六）政治委員會，由委員互推一人為主席。

（七）政治委員會，設秘書主任一人，秘書辦事員書記
若干人，由主席任命並指揮之。

編輯凡例

一、本書收錄中國國民黨1928-1929年設於武漢之中央政
　　治會議分會會議紀錄。

二、本書材料來源為油印出版稿，並以手抄原稿交互比
　　對。出版稿中刪去之內容，以〔〕表示，如有說明之
　　必要，則於〔〕中另行加註。

三、本書原稿為無標點文件，為便於閱讀，於決議案及附
　　錄原呈加具標點，案由則為保留原題，不註標點。又
　　挪抬、平抬等書寫格式，一概從略。

四、本書內容為為保留原意，贅字、錯字等均不予更正。
　　油印原稿中之漏印文字以□標示，亦不加補正。至古
　　字、罕用字、簡寫字、通同字，若不影響文意，均改
　　以現行字標示，恕不一一標注。

五、本書改原稿之豎排文字為橫排，惟原文中提及「如
　　左」等文字皆不予更動。

目　錄

預備會

日	期	十七年五月十六日（星期三）正午十二時
地	址	舊華商總會
出席委員		李宗仁　程　潛　白崇禧　胡宗鐸　張知本
		嚴　重　陳紹寬　李隆建　張華輔　劉嶽峙
主	席	李宗仁
紀	錄	顧士謀

主席恭讀總理遺囑，宣佈開會。

討論事項

（一）討論本會議事細則

議決：修正通過，另錄。

（二）討論本會秘書處組織大綱

議決：修正通過，另錄。

（三）決定本會成立日期

議決：五月十八日。

（四）討論本會宣言

議決：修正通過，另錄。

（五）討論本會秘書長人選

議決：任命翁敬棠為本會秘書長。

特別會

日　　期	十七年五月二十一日（星期一）下午二時
地　　址	本會（舊華商總會）
出席委員	李宗仁　胡宗鐸　張知本　魯滌平　嚴　重
	張華輔　李隆建
請假委員	白崇禧　陳紹寬　程　潛
主　　席	李宗仁
秘書長	翁敬棠
紀　　錄	李載民

主席恭讀總理遺囑，宣布開會理由。

討論事項

（一）程委員潛恣睢不法貽患黨國擬根據政治分會條例
　　　施以緊急處分案（主席提出）

提案理由

程委員潛自掌湘政以來，暴戾恣睢，好亂成性，匪特一
切政務毫無進行，而財政紊亂尤達極點。既已把持收入，
復不公布用途，置兩湖善後會議辦法於不顧。雖經履加
勸告，輒以惡聲相向，其種種跋扈飛揚、威福自擅之態，
直自蹈反革命之途徑。倘仍任其掌握政權兼治軍旅，勢
必形成割據，後患無窮。茲為整理兩湖政治及謀大局安
全，不可以私人情感曲予姑容，貽誤黨國，為害地方。

應即根據中央頒布之政治分會條例第二條第三項，對程
委員潛施以緊急處分，暫行看管，以免意外，一面呈請
中央免去本兼各職。是否有當，敬候公決。

議決：將程委員潛暫行看管，呈請中央免去本兼各職，
　　　暨電第六軍將領安心供職，勿滋疑慮，並通電聲
　　　述一切。

（二）組織湖南省政府案（主席提出）

提案理由

查湖南省政府因程潛把持之故，久未成立，際茲亟求建
設，豈容再事虛懸。擬呈請中央明令剋日組織湖南省政
府，並請任命魯滌平、陳嘉任、李隆建、張定、劉召圃、
曾繼梧、劉嶽峙、周斕、何鍵、陳嘉佑、劉興為湖南省
政府委員，並以魯滌平為主席，陳嘉任兼民政廳廳長，
李隆建兼財政廳廳長，張定兼教育廳廳長，劉召圃兼建
設廳廳長。是否有當，敬候公決。

議決：電呈中央政治會議轉國民政府任命。

第一次常會

議事日程——十七年五月二十二日（星期二）

（一）本會日常事務處理案（主席提出）

（二）通知關係機關或人員到會列席諮詢案（預備會提
　　　出繼續討論）

（三）擬設財政整理委員會案（預備會提出繼續討論）

（四）中央政府會議函知附加兩湖特稅為湖南賑款案
　　　（主席提出）

提案理由並附件

（一）本會日常事務處理案（主席提出）

提案理由

本會對於湘鄂兩政府負有指導監督權責，日常待決之事
及往來公牘函電備極紛繁。茲擬尋常事務由本主席先行
處理，俟開常會時再行提出報告，其重要事務則經常會
或特別會議決後再付執行，以期敏捷，請公決。

（四）中央政治會議函知附加兩湖特稅為湖南賑款案
　　　（主席提出）

提案理由

准中央政治會議函稱，據易、薛兩委員提案，以兩湖匪災
急賑委員代表袁家普等呈陳，湘省自去年五月馬日之變
後，共黨竄踞茶、攸、平、醴各縣暨湘南一帶肆意掠奪情

形，擬請國府明令於兩湖特稅項下附加賑捐一成，定本年六月起以一年為期等情。當經本會會議議決可以照辦，交武漢分會辦理等因。理應提出會議，敬候公決。

原函及原提議書附後

（甲）中央政治會議函

敬啟者。據易委員培基、薛委員篤弼提案，據稱湖南匪災急賑委員代表袁家普等呈稱，湘省自去年五月馬日之變後，共黨竄踞茶、攸、平、醴各縣暨湘南一帶肆意掠奪，嗣經湘省政府就釐金雜稅項下附加賑捐一成及由鹽稅附加項下酌提款項，並由地方分途籌募外，擬請國府明令於兩湖特稅項下附加賑捐一成，從本年六月起以一年為期，由兩湖平攤，以惠災黎，而拯餓莩等情。查所請之處與中央所定政策尚無不合，特提出乞公決等語。當經本會第一百四十次會議討論並決議可以照辦，交武漢分會辦理在案，相應錄案並抄同原提議書函達，希查照辦理為荷。此致政治會議武漢分會。

（乙）中央政治會議提議書

據湖南匪災急賑委員代表袁家普、陳潤霖呈請，湘省自去年五月馬日驅逐共黨以後，共黨竄踞茶、攸、平、醴各縣暨湘南一帶，組織農工革命軍，設立蘇維埃偽政府，肆行擾亂，掠奪燒殺，無所不至。嗣經湘省政府派兵圍勦，漸次肅清，迭據茶陵、攸縣、醴陵、平江、瀏陽、宜章、郴縣、耒陽、常寧、資興、永興、酃縣、安仁、衡陽等縣報告，或全縣焚毀，或焚毀一大部分，屠殺三、

四十萬人，屍骸遍野，財產損失無數。目下各縣被難災
民約數百萬，流離失所，餓莩載道，田野荒蕪，無人耕
種，紛紛請求救濟。湘省政府特函請各紳商組設匪災急
賑委員會辦理救濟事宜，惟湘省此次慘遭共禍，災區異
常廣袤，災情異常重大，臨時散放急賑，非有大宗款項，
無從著手。現經呈准湘省政府就厘金雜稅項下附加賑捐
一成，復呈請由鹽稅附加項下酌提款項，並由地方紳商
分途籌募，以資救濟，奈杯水車薪，無濟於事。湘省連
年以來，民生凋敝，羅掘已窮，非由中央政府設法救濟，
實無以拯災黎而資善後。查兩湖特稅歲收約二、三千萬
元，擬請國府明令附加賑捐一成，從本年六月起以一年
為期，由武漢政治分會平攤湘、鄂兩省專為救濟黎災之
用，寓禁於徵，多取既不為苛，而賑款可籌得鉅款，救
濟災民始有辦法，請提交國府會議核議施行等情前來。
查湘省慘遭共禍，災民失所，殊堪憫惻，迭據湘鄂臨時
政務委員及各總指揮先後來電呈請救濟，中央政府自應
設法拯救。奈值軍事時期，籌撥鉅款，事實萬難。該代
表等所請於兩湖特稅項下附加賑捐一成，由兩省平攤救
濟災民一節，核與中央政府所定政策尚無不合之處。是
否可行，尚希公決。易培基、薛篤弼。

議決案

日　　期　十七年五月二十二日（星期二）下午二時
地　　點　本會

出席委員　李宗仁　胡宗鐸　魯滌平　張知本　劉嶽峙
　　　　　張華輔　嚴　重
請假委員　陳紹寬　白崇禧　〔程　潛〕
主　　席　李宗仁
秘書長　翁敬棠
紀　　錄　李載民

主席恭讀總理遺囑，宣告開會。
秘書長報告處理事務及執行特別會議議決案經過。

討論議事日程

（一）本會日常事務處理案（主席提出）

議決：照原提案尋常事務由主席先行處理報告於常會，
　　　重要事務經常會或特別會議決後執行。

（二）通知關係機關或人員到會列席諮詢案（主席提出）

議決：臨時發生事故應諮詢關係機關或人員時，由秘書
　　　長請示主席，函知關係機關派人列席。

（三）擬設財政整理委員會案（預備會提出繼續討論）

議決：一、定名中央政治會議武漢分會財政委員會。
　　　二、組織條例推張知本、劉嶽峙兩委員起草。

（四）中央政府會議函知附加兩湖特稅為湖南賑款案
　　　（主席提出）

議決：俟財政委員會成立再行辦理。

（五）臨時動議

（甲）取締軍隊及各機關人員佔用非逆產之民房案
　　　（主席提出）

議決：召集衛戍司令部參謀長、公安局長、商會會長到本
　　　會討論辦法。

（乙）兩省官有工廠招商承辦案（主席提出）

議決：令行兩省政府迅行調查核辦。

（丙）擬定湘鄂兩省最低政綱案（主席提出）

議決：由兩省政府先行核擬，呈本會議定頒佈，由張知
　　　本、嚴重、魯滌平、劉嶽峙擔任辦理。

（丁）接收湘鄂臨時政務委員會案（主席提出）

議決：即行接收。

（戊）革命軍日報與中山日報合併案（劉委員嶽峙提出）

議決：革命軍日報〔歸〕併於中山日報，經費重行規定。

〔（己）呈請中央免去湖北省政府委員熊斌等本職並另任
　　　陶鈞等為湖北省政府委員案（張委員知本提出）

議決：通過。〕

第二次常會

議事日程——十七年五月二十五日（星期五）

（一）國民政府函請發還孫武等財產案（主席提出）

（二）前粵漢鐵路局長王育瓚條陳整理漢平粵漢株萍三
　　　路及萍礦意見書案（主席提出）

提案理由並附件

（一）國民政府函請發還孫武等財產案（主席提出）

提案理由

接國民政府秘書處函稱，奉常務委員發下黎元洪函請發
還孫武等財產並諭交武漢政治分會等因。應如何辦理之
處，請公決。

原函附後

（甲）國民政府秘書處函

逕啟者。奉常務委員發下黎元洪函請發還孫武等財產加以
保護等由函一件，奉諭交武漢政治分會等因，相應抄同原
函函達查照（下略）。

（乙）黎元洪致譚主席函

組安仁兄主席，執事首夏清和辰，維勛華光大為祝。前為
舍間在鄂產業，荷蒙函致當局歸還舊物，具仰政象清明，
義風遠屆，莫名感謝。茲更有請者，竊念辛亥之役創造艱
難，當時以一隅親臨前敵，屏蔽東西南各省，繫留清廷傾
國之師，困鬥陽夏，死守武昌，以寡敵強，其事至苦，在

事出力，人員國家所宜矜恤。乃十餘年來回，視首義諸人強半死亡、殘廢或流散，不能自活，其存者寥若晨星，即現來津避居如孫武、吳兆麟、蔡漢卿、杜錫鈞、唐克明、石星川、程漢卿、李作棟、黎澍、謝立生等均係保障孤城，出死入生之人，厥功尤偉。其中雖有一二在鄂服官，處於軍閥勢力之下，奉令而行，情非得已，其餘多係早離政界，經營實業，據稱均按法定手續辦理，且區區財產多係在外通挪，尚非完全私有，與近令所謂軍閥財閥奚啻天淵。乃自上年共黨據鄂，橫被蹂躪無可歸，徬徨異域，揆之昔年南京政府稽勛優待之義，未免寒心。元洪舊同患難，親見流離，公誼私情，殊難恝置。茲值完成革命之際，一視同仁，幸得執事與諸君子掃蕩赤氛，力反所為，且有革命之功績，縱或小有過舉不滿人意之處，亦請追念前勞，取長舍短，不以一眚而掩前功，以示保全勛舊之至意。即懇主張公道，對於伊等產業未沒收者予以切實保障，已沒收者迅賜發還，俾得早歸故鄉，各安生業。安集流亡亦新政之一端，關繫國力人心者甚鉅，不惟身受者感激惠政已也，率布腹心，惟希諒察。再者周長齡亦係辛亥出力，業已在津身故，遺櫬未歸，寡婦、孤女無所依歸，情形甚慘，應請將該家產併案發還。至此外辛亥舊人因財產流離失所未盡周知者，併請查照施行，備紉公誼。專此藉候勛祺。黎元洪啟。

（二）前粵漢鐵路局長王育瓚條陳整理漢平粵漢株萍三
　　　路及萍礦意見書案（主席提出）

提案理由

據前粵漢路局長王育瓚條陳整理漢平、粵漢、株萍三路
為完成粵漢鐵路之準備，又請將萍礦收歸公辦，及由本
會組織整理漢粵株三路及萍礦機關。應如何採納施行之
處，請公決（本案意見書及附件甚長不及備錄）。

議決案

口　　期　十十年五月二十五口（星期五）下午一時
地　　點　本會
出席委員　李宗仁　張知本　胡宗鐸　張華輔　劉嶽峙
　　　　　嚴　重
請假委員　白崇禧　陳紹寬　魯滌平　李隆建
主　　席　李宗仁
秘書長　翁敬棠
紀　　錄　李載民　林眾可

主席恭讀總理遺囑，宣告開會。
秘書長報告處理事務並執行第一次議決各案經過〔事項〕。

討論事項

（一）討論本會財政委員會組織條例案（延前會）
議決：修正通過。

（二）討論國民政府秘書處函請發還孫武等財產案（主
　　　席提出）

議決：交湖北逆產審查委員會。

（三）討論前粵漢鐵路局局長王育瓚條陳整理京漢粵漢
　　　〔株萍三路及萍礦完成粵漢〕鐵路意見書案（主
　　　席提出）

議決：存備參考。

第三次常會

議事口程——十七年五月二十九日（星期二）

（一）設立財政委員會案（延前會）

（二）接收革命軍日報及前中央日報機件案（主席提出）

（三）佈告徵求建設計畫案（主席提出）

（四）通令在職人員研求黨義聽候定期考試分別懲獎案
（主席提出）

（五）佈告擬舉行考試以求真才案（主席提出）

（六）整理漢口中交中央鈔券以維金融案（主席提出）

（七）擬鼓鑄銀輔幣或發行銅元券以便商民案（主席
提出）

（八）設立機關討論上年現金集中期內債權債務辦法案
（主席提出）

提案理由

（一）設立財政委員會案（延前會）

提案理由

案查財政委員會條例業經通過，惟人選未定，請速決定
以利進行。候公決。

（二）接收革命軍日報及前中央日報機件案（主席提出）

提案理由

查革命軍日報曾經本會議決停辦，歸併中山日報在案。據

中山日報社聲稱革命軍日報以合併為詞，要求將職員、工
役一律併入該報，實難接受。請將革命軍日報機件及該報
社內所存之前中央日報機件，由本會或由長江上游辦事處
接收自行保存，或轉令中山日報社暫為保管等情。查此次
合併辦法純由本會議決，外間不察，對於中山日報頗有微
詞，該報不肯直接接收，其情不無可諒，擬即由本會保
管，備為將來開辦印刷所之用。惟該革命軍日報職工不
少，擬令中山日報酌量容納，以免失業。又據中山日報請
撥革命軍日報房屋為該報社址，如本會決辦印刷所，則應
備為所址，即難照准。候公決。

（三）佈告徵求建設計畫案（主席提出）

提案理由

本黨革命主要目的在解除人民痛苦，建設之始，經緯萬
端，要不外興利除弊二者。然何者應興，何者應革，又
必先周知民隱，然後一切進行，乃能適合人民需要。兩
湖受軍閥、共黨先後殘虐蹂躪，有待於建設者至為迫切，
然種種計畫頭緒紛繁，不能閉門造車，純憑理想，實有
廣為徵求意見之必要。擬即行布告凡人民疾苦孰則急待
解除，各種設施孰則亟當實現，各陳所見，不徒空言，
以確有具體計畫切合實際為準，用備採擇，本會當列為
殿最，量送酬金。當否，候公決。

（四）通令在職人員研求黨義聽候定期考試分別獎懲案
　　　（主席提出）

提案理由

三民主義為本黨革命建國之最高原則，無論從事任何工作，允難須臾或離。總理畢生致力國民革命，尤復勤學不倦，凡我從政人員果能循序研求，自可發揚郅治。蓋心理建設為凡百建設之先導，倘不亟起求知，則不墮盲行，即流敷衍。本會丁茲建設之會，尤當遵行遺教，刷新政治，所期有職之人除對於總理遺訓應熟讀爛習外，其闡揚黨義各書亦可由會指示大概，以便閱讀。至吾民族數千年固有文化，如古先哲嘉言懿行，與總理主義有能互相發明或為總理演講所提示者，亦宜旁求考證。本會當分為若干時期舉行考試，以覘是否確有心得，課其殿最優者立即升階，劣者即行撤換。當否，候公決。

（五）佈告擬舉行考試以求真才案（主席提出）

提案理由

查考試權為總理所定五權之一，其效在拔取真才，尤可杜絕奔競，現在各省多已次第舉辦，兩湖亦應逐漸施行。此舉關係建設及澄清仕途至為重大，現擬預定六個月後即實行各種文官考試，現在即應先期提示標準，以為應試準備。除黨義為行政根本，列在重要課目外，其餘如財政、教育、實業、建設，並關於民政各項，均可分門別類，切實研求。果有心得，即可任擇一門，臚陳意見，務求實際，

不事空談。報考時附呈意見書，聽候施以筆試、口試，既
可免徒恃一日之長，致有遺才之憾，復可加以試驗，以覘
所陳意見是否出於真知。其兩湖省政府已議定之考試條
例，應送由本會核定施行，以期一律。當否，候公決。

（六）整理漢口中交中央鈔券以維金融案（主席提出）

提案理由

查漢口中國、交通、中央三銀行自去年停業後，所發鈔券
均已停止流通，商民所受損失甚鉅。本會成立，首當為民
眾解除痛苦，銀行公會亦具呈到會請求應如何整理以恤商
艱而維金融。候公決。

（七）擬鼓鑄銀輔幣或發行銅元券以便商民案（主席提出）

提案理由

查現在兩湖市面流通貨幣除現洋與銀行鈔票外，僅有現銅
元一種，現銅元與大洋間並無一種輔幣，致交易行使深感
不便。應即鼓鑄銀輔幣，或發行毫洋券或銅元券，以便商
民，請公決。

（八）設立機關討論上年現金集中期內債權債務辦法案
（主席提出）

提案理由

查武漢在上年現金集中期內紙幣低落，所有債權債務紛
糾滋多，一切營業因而阻礙，亟應設法救濟。若俟司法

機關解決，手續既繁，動延時日。應否招集行政機關及
銀行公會、武陽夏商會議定辦法，以資整理，候公決。

議決案

日　　期　十七年五月二十九日（星期二）下午二時
地　　點　本會
出席委員　李宗仁　張知本　胡宗鐸　白崇禧　張華輔
　　　　　嚴　重　陳紹寬
請假委員　李隆建　劉嶽峙　魯滌平
列席人　　張難先　白志鵾
主　　席　李宗仁
秘書長　　翁敬棠
紀　　錄　李載民　林眾可

主席恭讀總理遺囑，宣告開會。
秘書長報告處理事務並執行第二次議決各案經過。

討論議事日程

（一）設立財政委員會案（延前會）
議決：（甲）條例照前通過增加泉幣股（乙）委任本會張
　　　　委員知本、武漢財政整理委員會委員白志鵾及湖北
　　　　財政廳長張難先、湖南財政廳長李隆建並曾同志天
　　　　宇為本會財政委員會委員（丙）定六月一日成立。
（二）接收革命軍日報及前中央日報機件案（主席提出）

議決：革命軍日報即行停版，其機件及前中央日報機件概
　　　由本會派員接收，並剋日籌備漢口印刷所，一面
　　　電復中央黨部宣傳部。

（三）佈告徵求建設計畫案（主席提出）

議決：由秘書處製定問題，登報佈告徵求。

（四）通令在職人員研求黨義聽候定期考試分別懲獎案
　　　（主席提出）

議決：通令湖北、湖南兩省軍政各機關。

（五）佈告擬舉行考試以求真才案（主席提出）

議決：定三個月後舉行。

（六）整理漢口中交中央鈔票以維金融案（主席提出）

議決：交財政委員會切實籌劃。

（七）擬鼓鑄銀輔幣或發行銅元券以便商民案（主席
　　　提出）

議決：發行銅元券，令交湖北湖南兩省財政廳計劃辦理。

（八）設立機關討論上年現金集中期內債權債務辦法案
　　　（主席提出）

議決：交財政委員會召集總商會暨金融機關討論公平辦法。

臨時動議

（一）第四集團軍政治訓練如何進行案（白委員崇禧提出）

議決：（甲）政治訓練先後從官長入手。

　　　（乙）函約王吉占、謝敬虛、王季文三同志討論訓
　　　　　　練方法。

（二）完成粵漢鐵路案（白委員崇禧提出）

議決：（甲）由本會召集湖北湖南兩省政府及總商會代表
　　　　討論一切。

　　　（乙）電廣州政治分會將粵漢鐵路計劃隨時通知，
　　　　聯絡進行。

　　　（丙）各種辦法決定後即設籌備處，並請國民政府
　　　　交通部派員參加。

第四次常會

議事日程——十七年六月一日（星期五）

（一）通令財政機關臚陳積弊並擬具整頓辦法案

（二）徵收機關在不妨礙稅收範圍內應酌量歸併以免留
　　　難而蘇民困案

（三）實行識字運動案

（四）通令軍政機關冠婚喪祭務崇節儉廢止無謂酬酢嚴
　　　禁冶遊賭博案

（五）各地廟宇除正當祀典外應改建貧民學校以祛迷信
　　　而裨實用案

提案理由

（一）通令財政機關臚陳積弊並擬具整頓辦法案（主席
　　　提出）

提案理由

中國財政積弊最深，損公肥己，視為故常，倘不切實革
除，則本黨所標榜之廉潔政府即為欺人之語，故整頓財
政實為當務之急。擬責由徵收機關將歷來因襲積弊自行
盡臚量舉，並擬具切實整頓辦法，用備採擇。其從前已
收漏規，從寬免究，如能切實敷陳，毫不隱匿，除仍令
繼續任職外，並當酌予獎勵。本會一面已另行佈告一般
人民皆可舉發，倘有藏匿不言被人揭出者，即嚴行懲處，
何去何從，當知自擇。經整頓後，所有徵收官吏俸給如

有過薄者，應一律酌量增加，如仍蹈故轍，即依法從重治罪。擬通令知照，當否，候公決。

（二）徵收機關在不妨礙稅收範圍內應酌量歸併以免留難而蘇民困案（主席提出）

提案理由

查苛捐雜稅為人民切膚之痛，現在北伐尚未完成，軍費浩繁，人民負擔驟難減免，政府忍痛徵收，事非得已。惟徵收多一機關，人民即多受一度留難之苦，嚇口既多，稽延騷擾，尤難盡述。擬就可能範圍內將各徵收機關於不妨礙稅收限度酌量歸併，以節糜費，而便人民。當否，候公決。

（三）實行識字運動案（主席提出）

提案理由

吾國幅員廣大，人口眾多，而識字之人為數極少。現當訓政之時，尤須急行提倡，俾宣傳黨義，為試行民權初步之準備。查吾國應用之字，為數不過一千三百餘，苟能切實誘導，於事並不甚難。擬按日分別字數遍貼通衢，加以幻燈演習各縣，除尚在清鄉者外，其匪患已告肅清地方，即應廣設平民夜校，限期辦理，並應由兩湖省政府督飭教育廳詳擬辦法，切實奉行。當否，候公決。

（四）通令軍政機關冠婚喪祭務崇節儉廢止無謂酬酢嚴
　　　禁冶遊賭博案（主席提出）

提案理由

查近來習俗奢靡，舉凡冠婚喪祭，往往力事鋪張，甚至
傾家以求一時之粉飾誇耀者，殊非崇尚節儉之道，亟當
極力糾正。軍政機關人員尤應以身作則，藉資觀感，至
現在各種工作皆屬異常緊張，每日辦公既有定時，精神
有限，應留為修養求知之用，一切無謂酬酢，均應屏絕。
此外冶遊、賭博等事尤足以敗壞道德風紀，擬由本會通
令各軍政機關人員，遇有冠婚喪祭務從儉約，並廢止無
謂酬酢。冶遊、賭博等事尤應厲行禁止，倘有仍蹈覆轍，
立予撤懲。各該管長官有督率之責，尤宜認真查察，如
互相容隱，即併予懲處，以挽頹風，而敦末俗。當否，
候公決。

（五）各地廟宇除正當祀典外應改建貧民學校以袪迷信
　　　而俾實用案（主席提出）

提案理由

民族精神之涵養首在正信仰而端人心，本黨心理建設之
初，尤應致力於教育之普及。古人神道設教，擇古先賢
哲之有德有功者加以尊崇，享以專廟，為後世表率，用
意本屬至善。自佛佗巫道等說興，而淫祠妖祀幾遍全國，
民心趨向於是大變，牛鬼蛇神反受人之膜拜，鬥雞走馬
亦求佑於神靈。其弊害所及，不獨導人民於迷信，損祭

祀之尊嚴，而養成人民射倖倚賴，不自振作之習慣，於整個的民族精神之修養及信仰之純正劃一上，其流毒尤不可勝紀。茲擬除各種古聖先烈祠宇定為正當祀典外，其他各種淫祠妖祀應一律廢除，就地改設貧民學校，其有廟產者即劃為學校經費，其無廟產者由政府補助。既可納信仰於正途，而增加校舍有利於普及教育，尤非淺鮮。至何者為正當祀典，何者應予廢除，應由兩省教育廳詳細調查。擬議呈會審核，當否，候公決。

議決案

日　　期	十七年六月一日（星期五）下午二時	
地　　點	本會	
出席委員	李宗仁　白崇禧　張知本　胡宗鐸　張華輔	
請假委員	嚴　重　陳紹寬　李隆建　劉嶽峙　魯滌平	
列席人	白志鵬	
主　　席	李宗仁	
秘書長	翁敬棠	
紀　　錄	李載民　林眾可	

主席恭讀總理遺囑，宣告開會。

秘書長報告處理事務並執行第三次議決各案經過。

討論議事日程

（一）通令財政機關臚陳積弊並擬具整頓辦法案（主席
提出）

議決：函知財政委員會，並令行兩湖省政府轉令各財政
機關切實遵辦。

（二）徵收機關在不妨礙稅收範圍內應酌量歸併以免留
難而蘇民困案（主席提出）

議決：交財政委員會，並令行兩湖省政府轉令各該省財
政廳查照擬定辦法，並呈報備核。

（三）實行識字運動案（主席提出）

議決：令行湘、鄂兩省政府轉令各該省教育廳詳擬辦法，切
實施行，務於最短期間普及全省，並呈報本會備核。

（四）通令軍政機關冠婚喪祭務崇節儉廢止無謂酬酢嚴
禁冶遊賭博案（主席提出）

議決：除由本會通令外，其如何禁絕賭博應令行湘鄂兩省
政府轉令各公安局詳擬辦法，嚴屬執行，毋得玩忽。

（五）各地廟宇除正當祀典外應改建貧民學校以去迷信
而裨實用案（主席提出）

議決：令行湘、鄂兩省政府轉令各該省民教兩廳會同妥
籌辦理，呈報備核。

臨時動議

（一）本會預算案（主席提出）

議決：照案通過〔以國民政府文官俸給表為標準〕。

（二）財政委員會呈報兩湖北伐軍費除中央補助及兩粵協
　　　濟一百萬元外尚不敷一百五十萬元請設法救濟案

議決：由財政委員會會同湘、鄂兩省財政廳長，速將捲
　　　煙庫券設法銷售抵補。

（三）財政委員會呈報海軍軍費本由中央發給自西征後
　　　由湘鄂兩省每月擔任軍費二十萬元又造艦費總計
　　　八十萬元現因財政竭蹶無力擔負擬請六月份起海
　　　軍每月經費仍由中央直接發給其造艦費仍歸湘鄂
　　　兩省負擔案

議決：向由中央發給之海軍軍費，現因兩湖財政困難，
　　　無力擔負，應請由中央直接發給，其造艦費八十
　　　萬元仍由湘鄂兩省擔負。

（四）財政委員會主任人選案（主席提出）

議決：暫由白志鵾〔委員〕負責辦理，其主任人選俟委
　　　員補足後再行決定。

（五）印刷所籌備人選案（主席提出）

議決：由麥煥章先行籌備。

第五次常會

議事日程——十七年六月五日（星期二）

（一）依據平均地權原則試行報價案（主席提出）

（二）佈告兩湖人士前受共黨壓迫去鄉者務即歸里共策
　　　建設進行案（主席提出）

（三）曹攸同等擬請籌設殘廢軍人工廠案（主席提出）

（四）修正本會秘書處組織條例案（主席提出）

提案理由並附件

（一）依據平均地權原則試行報價案（主席提出）

提案理由

本黨民生主義首在平均地權，而平均地權之實施自應遵
照總理手定之地主自行報價為入手方法。現值兩湖建設
伊始，為謀社會普遍福利及祛除兼併壟斷等弊害，尤以
力求平均地權之實現為最要。茲擬依據上列原則，先行
在本會管轄區域內之大都市，試令各地主於規定期限
內各將其管業之地價自行呈報於指定之主管官廳分別登
記，俟期滿後將各處登記表冊彙齊，詳加審核，再行分
別辦理。其關於報價手續，自應由該管官廳釐定各種規
則，俾利推行。請公決。

（二）佈告兩湖人士前受共黨壓迫去鄉者務即歸里共策建設進行案（主席提出）

提案理由

查兩湖自去歲被共黨蹂躪，良善者多散諸四方。自客冬戡定以來，兩省政府與民休息，各地流亡歸安生業者固多，其尚在觀望者亦有其人。現各屬共黨將告肅清，建設伊始，悉賴群策群力以促其成，尤望兩湖人士以敬恭桑梓之念，共襄治理。擬即佈告所有前此避地去鄉，一律遄歸故里，本會當以至誠之意，督飭兩省政府加意保護，並望各抒所見共策進行。當否，候公決。

（三）曹攸同等擬請籌設殘廢軍人工廠案（主席提出）

提案理由

據曹攸同等呈稱擬籌設殘廢軍人工廠安頓殘廢軍人以示體恤而濟流亡等情，似屬切要。應如籌措之處，請公決。

附原呈並簡章

呈為擬辦殘廢軍人工廠以示體恤而濟流亡，謹陳管見，附具簡章，仰祈鈞會鑒核。事竊維國之強弱繫乎軍人，軍人之天職以衛國為前提，是以東西各國定有養軍終身之條，民國初元亦有鐵血軍團之制，至有殊勳者授以重賞，傷亡者予以撫恤，此皆為國家特殊待遇軍人之先例也。前年我革命軍由兩粵出師北伐以來，未及兩載，而革命之勢力已遍及全國。雖托總理在天之靈，以主義喚醒民眾之效果，究亦由我武裝同志奮勇當先，衝鋒破敵，能以血肉相搏所

換得之代價也。揆諸武裝同志大半來自田間，多屬無產階級，其平日之生活即有仰屋之嘆。一旦效命疆場，身許黨國，其死者固無論矣，而斷股折臂致成殘廢者，為數尤夥。彼等報國之志雖酬，而其身家之痛苦何堪興言，及此能不扼腕。而今不籌救濟之方，即有轉乎溝壑之虞，回念此有功黨國之多數殘廢之武裝同志現正顛沛流離、窮無所歸，若俟大局底定再籌安頓之策，勢有緩不濟急之實攸同等，爰舉匹夫興亡有責之義，敢將一得之愚，藉貢芻蕘之言，為我黨國盡一份子之義務，思維至再，惟有仰懇鈞會俯念下情，准予籌設殘廢軍人工廠以濟流亡。其工廠如何籌措，設施如何組織，另具簡章附呈鈞覽。所有擬請籌設殘廢軍人工廠謹陳管見，各緣由理合具文呈請鈞鑒俯賜核示祗遵，實為德便。謹呈武漢政治分會。

計呈賫簡章一份

殘廢軍人工廠暫行簡章

第一條　本工廠以體恤殘廢軍人，免致流亡失所，使其身家藉以維持生活為主旨。

第二條　本工廠暫定名曰殘廢軍人工廠。

第三條　本工廠地址請指撥諶家磯之造紙廠舊址。

第四條　本工廠名額暫定二千人，但以殘廢軍人為限，俟辦有成效時得隨時擴充之。

第五條　設廠長副廠長各一人總管全廠事務，並視事務之繁簡得設辦事員若干人分掌文牘、會計、庶務、收發、稽查各事宜。

第六條　本工廠分管理、教育、醫務、紡織、洗染、縫紉、
　　　　製造各科，每科設主任一人以便支配工作，各
　　　　科得酌聘工師若干人藉資教授。

第七條　本工廠所有出品以合於現時軍隊所需要者為率。

第八條　凡殘廢軍人入廠時以前三個月為教育時期，視
　　　　其傷殘之部位與輕重授伊適當之工作。

第九條　凡殘廢軍人入廠學藝在三個月祇給火食，由廠
　　　　備辦。儻製造品得以銷售時，應於紅利中提出
　　　　若干成以作獎金，庶於節省經費之中而寓鼓勵
　　　　之意。

第十條　凡殘廢軍人入廠習藝後，如有懶惰成性不堪造
　　　　就，或有不能遵守本工廠規則者，應先由主任
　　　　察奪情形施以懲戒，若仍怙惡不悛，立予除名，
　　　　呈請資遣回籍。

第十一條　本廠經費分開辦、經常兩種（甲）開辦費：
　　　　　以造紙廠舊址頹敗不堪，必須加以修葺，暨
　　　　　工廠應用機件、家俱、床帳、被褥及各種原
　　　　　料等項在在需款，約計非十萬元不能著手。
　　　　　值茲國庫如洗，籌款匪易，擬請在本省紙煙
　　　　　特稅項下酌量附加。查鄂省紙煙特稅稅款原
　　　　　較他省為輕，稍事增加亦不為過，且以消耗
　　　　　品特稅創辦慈善事業，必得各方贊同。如再
　　　　　不敷，則可募捐補充之，募捐方式應請政府
　　　　　發給三聯單據，以便查考而杜流弊；（乙）

經常費：查本工廠性質非純屬消耗機關，所有出品大可補助，但以殘廢之人工作絕不能與身體健全者相提並論，故出品亦難為預計，因之經常費一項不得預為籌措。以兩千人計之，除出品得價補助外，月約需洋一萬元，即可維持。此款可於增加之紙煙稅項下撥用，以垂久遠。

第十二條　凡殘廢軍人入廠時須由各軍師函送，以杜冒濫之弊。

第十三條　凡殘廢軍人入廠習藝有成，情願出廠自謀生活時，本廠應予特許，並由廠給予憑證以示優異。

第十四條　本工廠如有未盡事宜，得隨時提出修正之。

第十五條　本簡章自呈准日施行。

（四）修正武漢政治分會秘書處組織條例案（主席提出）

提案理由

前本會預備會議曾通過秘書處組織條例，茲經秘書處處務會議為便利辦事起見，對於該處條例有修正處。當否，請公決。

議決案

日　　期　十七年六月五日（星期二）下午一時半

地　　點　本會

出席委員　李宗仁　張知本　胡宗鐸　張華輔　嚴　重

請假委員　白崇禧　陳紹寬　李隆建　劉巇崎　魯滌平

主　　席　李宗仁

秘書長　翁敬棠

紀　　錄　李載民　林眾可

主席恭讀總理遺囑，宣告開會。

秘書長報告處理事務並執行第四次議決各案經過。

討論議事日程

（一）佈告兩湖人士前受共黨壓迫去鄉者務即歸里共策
　　　進行案（主席提出）

議決：果係善良人士為共黨壓迫去鄉者，應即佈告，令
　　　其歸里共籌建設事業，其有向居都市作奔競之生
　　　活者，亦應從速返鄉，為農村謀福利。

（二）擬設工廠安置殘廢軍人案（主席提出）

議決：設立殘廢軍人工廠，咨請第四集團軍總司令核辦。

（三）修正本會秘書處組織條例案（主席提出）

議決：照修正案通過。

臨時動議

（一）楊海軍總司令等電請繼續維持海軍經費案（主席
　　　提出）

議決：復電經費困難無法繼續負擔，並將財政委員會呈
　　　報情形轉達。

（二）補充湖南省政府委員案（主席提出）

議決：電保李明灝並電知湖南省政府及李明灝同志。

附件

中央政治會議武漢分會秘書處組織條例

第一條　本處設秘書長一人，承主席之命綜理本處事務，
　　　　指揮監督所屬職員。

第二條　本處設秘書若干人，承秘書長之命，分掌本處
　　　　事務。

第三條　本處設左列二科：
　　　　（一）總務科（二）文書科

第四條　各科設科長一人，以秘書充之。

第五條　總務科設左列各股：
　　　　一、機要股　二、收發股　三、交際股
　　　　四、會計股　五、庶務股　六、保管股
　　　　七、繕核股

第六條　文書科設左列各股：
　　　　一、撰擬股　二、法制股　三、議事股
　　　　四、紀錄股　五、編譯股　六、黨務股
　　　　七、宣傳股

第七條　各股設股長一人、股員若干人，分掌各股事務。

第八條　本處為繕寫文件得設雇員。

第九條　本處及各科辦事細則另定之。

第十條　本條例由本分會議決之日施行。

第六次常會

議事日程——十七年六月八日（星期五）

（一）屬行義務教育案（主席提出）

（二）漢口印刷所章程及開辦費經常費預算案（主席提出）

（三）湖北省政府主席張知本為張財廳長提議組織全省
　　　審計委員會案（主席提出）

提案理由並附件

（一）屬行義務教育案（主席提出）

提案理由

本會前次議決實行識字運動，乃普及成人補習教育之要者，各地學齡兒童之義務教育為造就將來健全之國民計，亦不可置為緩圖。查教育普及載在本黨政綱，而義務教育實普及之張本。現江、浙、粵等省已分年籌備，秩序已漸恢復，湘鄂自應踵行，擬由兩省政府督飭教育廳迅即確定施行程序，其學齡兒童如何調查、學區如何劃分、經費如何指撥，一一擬妥辦法呈候核奪，務使失學兒童逐年減少，本黨政綱得以實現。當否，候公決。

（二）漢口印刷所章程及開辦費經常費預算案（主席提出）

提案理由

前本會第三次常會議決接收革命軍日報及前中央日報機件並剋日籌備漢口印刷所，又第四次常會議決由麥煥章先行籌備。茲據麥煥章呈報籌備漢口印刷所情形，並擬具章程及開辦費、經常費預算請鑒核等情，請即核定，以利進行。候公決。

附原呈並附件

呈為呈報漢口印刷所籌備情形並附資預算書及章程草案，懇請鑒核施行事。竊煥章奉鈞會秘書處函開奉主席諭本會議決開辦漢口印刷所，即將現已停版之革命軍日報及前中央日報機件交麥同志煥章籌辦等因，查該項機件係存前革命軍日報社內，相應函達查照，並由執事迅即派人前往接收該項機件籌備一切等因。奉此煥章遵即派屬社庶務胡震東偕同孟委員前往革命軍日報點收，所有點收情形業由該委員等具文呈報鈞會鑒核在案。惟既經接收，對於漢口印刷所不得不積極籌備，以副鈞會擴大宣傳、改良印刷之至意。茲謹擬具漢口印刷所章程草案，並開辦費、經常費預算書各一份送呈主席鑒核施行，實為公便。再此次開辦費、經常費預算書之規定係採取極省儉、極簡單之辦法，如以後有臨時增加特別開支，必要時當再呈請核准撥給，合併聲明。謹呈中央政治會議武漢分會主席李。

漢口印刷所章程草案

第一條　名稱　本所定明為漢口印刷所。

第二條　宗旨　本所以擴大宣傳改良印刷為宗旨。

第三條　隸屬　本所為武漢政治分會直轄之印刷機關。

第四條　性質　本所純為公辦，除奉令承印公家文件等物外，得兼營商業。

第五條　本所開辦伊始，為節省經費起見，採取極簡單之組織。設總經理一人由中山日報社社長兼任，不另支薪。內分為印刷、營業兩部，印刷部設主任一人、領工二人，機器房、排字房、鑄字房、石印房、照相製版房、裝訂房各視工作之繁簡得雇工人若干人。營業部設主任一人、幹事若干人，分任庶務、會計、交際、發行、校對、文書各項事務。

第六條　地址　印刷部設於漢口濟生四馬路，營業部設於漢口後城馬路交通路。

第七條　本所開辦費、經常費均由武漢政治分會按照預算撥給。

第八條　本所辦事細則另定之。

第九條　本章程如有未盡事宜，得隨時修改。

第十條　本章程自呈請核准之日施行。

漢口印刷所中華民國十七年六月份支付預算書

支出經常門經費截至上月止預算數

科目	全年度預算數	本月份預算數	備考
第一款 漢口印刷所 開辦費		一、六六〇	
第一項 保管費		一六〇	因中央日報尚未接收革命軍日報機件，寄存星散，設保管員一人、勤務三人分任保管一月，薪資雜支約支如上數。
第二項 搬運費		四〇〇	機件甚多搬運笨重，約支如上數。
第三項 裝置費		六〇〇	因橡皮機件裝置甚難，須向他處雇人裝置，約支如上數。
第四項 特別配置費		五〇〇	因機件拆散搬運不無損壞，及開辦印刷所必須添置物件，約支如上數。
說明	中央日報機件甚多，大小箱件約有壹百餘件。現在因政治分會尚未得中央復電，職處未能派人點收，如將來點收後，其需用之搬運、拆卸裝置等費，當另行呈請撥給。		

漢口印刷所中華民國十七年六月份支付預算書

支出經常門經費截至上月止預算數

科目	全年度預算數		本月份預算數		備考
第一款 漢口印刷所 經費	五八、〇五六、	〇〇〇	四、八三八、	〇〇〇	
第一項 薪俸	八、七六〇、	〇〇〇	七三〇、	〇〇〇	
第一目 經理薪俸					係由漢口中山日報社社長兼任，不另支薪。
第二目 營業部薪俸	六、六〇〇、	〇〇〇	五五〇、	〇〇〇	
第一節 主任薪俸	一、二〇〇、	〇〇〇	一〇〇、	〇〇〇	一員月支一百元。

科目	全年度預算數		本月份預算數		備考
第二節 幹事薪俸	四、六八〇、	〇〇〇	三九〇、	〇〇〇	八人，庶務一人月支六十，會計一人月支六十元，交際二人月各支五十元，發行二人月各支四十元，校對一人月支四十元，文牘一人月支五十元，合計如上數。
第三節 書記薪俸	七二〇、	〇〇〇	六〇、	〇〇〇	二人月支各三十元，約計如上數。
第三目 印刷部薪俸	二、一六〇、	〇〇〇	一八〇、	〇〇〇	
第一節 主任薪俸	一、二〇〇、	〇〇〇	一〇〇、	〇〇〇	一員月支一百元。
第二節 領工薪俸	九六〇、	〇〇〇	八〇、	〇〇〇	二人月支各四十元，約計如上數。
第二項 經理公費及 工人工資	一九、四六四、	〇〇〇	一、六二二、	〇〇〇	
第一目 經理公費	二、四〇〇、	〇〇〇	二〇〇、	〇〇〇	
第二目 工人工資	一四、七六〇、	〇〇〇	一、二三〇、	〇〇〇	機器房十四人，排字房十六人，石印房三人，照相製版房二人，裝訂房二人，共三十七人，月各支洋三十元。小工四人月支各十八元，學徒四人月各支十二元，約計如上數。
第三目 雜役工資	二、三〇四、	〇〇〇	一九二、	〇〇〇	十二人月各支十六元，約計如上數。
第三項 印刷費	一七、五二〇、	〇〇〇	一、四〇六、	〇〇〇	

科目	全年度預算數		本月份預算數		備考
第一目 紙張	一二、〇〇〇、	〇〇〇	一、〇〇〇、	〇〇〇	如公家文件印刷過多，紙墨費不敷時得隨時呈請補發。
第二目 油墨	一、二〇〇、	〇〇〇	一〇〇、	〇〇〇	
第三目 修理機器費	一、四四〇、	〇〇〇	一二〇、	〇〇〇	
第四目 膠鉛鑄字費	一、二〇〇、	〇〇〇	一〇〇、	〇〇〇	
第五目 排字鉛線費	四八〇、	〇〇〇	四〇、	〇〇〇	
第六目 照相製版藥料費	一、二〇〇、	〇〇〇	〇〇、	〇〇〇	
第四項 辦公費	一二、三一二、	〇〇〇	一、〇二六、	〇〇〇	
第一目 郵電費	二、四〇〇、	〇〇〇	二〇〇、	〇〇〇	
第二目 電話費	四三二、	〇〇〇	三六、	〇〇〇	
第三目 電燈費	一、八〇〇、	〇〇〇	一五〇、	〇〇〇	
第四目 文具費	九六〇、	〇〇〇	八〇、	〇〇〇	
第五目 購置費	一、八〇〇、	〇〇〇	一五〇、	〇〇〇	
第六目 交通費	一、二〇〇、	〇〇〇	一〇〇、	〇〇〇	
第七目 消耗費	一、八〇〇、	〇〇〇	一五〇、	〇〇〇	
第八目 雜支費	一、九二〇、	〇〇〇	一六〇、	〇〇〇	

（三）湖北省政府主席張知本為張財廳長提議組織湖北
　　　全省審計委員會案（主席提出）

提案理由

據湖北省政府呈稱張財廳長在省政府第十一次政務會議
提議組織湖北全省審計委員會，審查各機關、各學校支
付各款有無浮濫。擬請於各省審計分院未經成立以前，
在本省政府兼廳長委員之外推定委員數人，組織湖北全
省審計委員會等情，請公決。

附原呈並原案

為呈請事。案查省政府第十一次政務會議討論事項第一
案張財廳長提議組織湖北全省審計委員會案，當經決議
呈由武漢政治分會核辦，理合錄案呈請鈞會察核辦理，
實為公便。謹呈武漢政治分會主席李，附抄呈原案一件。
湖北省政府主席張知本。中華民國十七年五月二十三日。

為提議組設湖北全省審計委員會敬求公決事。竊維理財
之道固貴公開，而制用之方尤須允當。本廳成立以來，
關於整理稅收，剔除中飽，無不積極進行。每月收入公
開支配，不使偏枯，所有收支各種款項歷經按月造具報
告表，分別呈咨備查，並登報公佈在案，舉凡應行公諸
各界事件，均係盡量公開，用昭大信。惟是支付各款用
途是否允當，造報有無浮濫，非有嚴密之審查，殊無確
定之判斷。本廳總筦度支各機關、各學校造送經常、臨
時各費預計算書表單據，在法令上雖付有初審之權，然

僅由書面審查，既難得其真象，即欲實地調查，亦覺形格勢禁，窒礙殊多。且對於同等機關之支款，考核尤有不便。茲擬於各省審計分院未經成立以前，在本政府兼廳長委員之外推定委員數人，組設審計委員會，專負審查之責。凡各機關、各學校請領經常、臨時各費預算或估單，均須經該會審查確定，方可由本廳照發。其關於大宗購置建築工程以及各種官營業事項，統由該會隨時派員實地監察，嚴密考核，藉杜取巧而免浮濫。總之該會組設之精神重在實地審查，以明真象，似此辦理，庶幾款不虛糜，事有實際，所有擬請組設審計委員會緣由，是否可行，敬祈公決。提議人湖北財政廳廳長張難先。

議決案

日　　期　十七年六月八日（星期五）下午一時半

地　　點　本會

出席委員　李宗仁　胡宗鐸　張知本　張華輔　嚴　重

請假委員　白崇禧　陳紹寬　李隆建　劉嶽峙　魯滌平

主　　席　李宗仁

秘書長　　翁敬棠

紀　　錄　李載民　林眾可

主席恭讀總理遺囑，宣告開會。

秘書長報告處理事務並執行第五次議決各案經過。

討論議事日程

（一）厲行義務教育案（主席提出）

議決：令行湘鄂兩省政府轉令各該省教育廳切實施行並呈
　　　報備核。

（二）漢口印刷所章程及開辦費經常費預算案（主席提出）

議決：（甲）章程照原議通過。

　　　（乙）開辦費、經常費預算交財政委員會審核。

（三）湖北省政府主席張知本為張財廳長提議組織湖北
　　　全省審計委員會案（主席提出）

議決：（甲）在中央未設審計分院之前，設湖北全省審計
　　　委員會。

　　　（乙）令湖南省政府照辦。

　　　（丙）審計委員會組織條例暨委員人選，須呈報本
　　　會備核。

〔臨時動議〕

委員中有因事故不能出席常會者可否許其派人列席陳述
意見案（張委員華輔提出）

議決：在湘各委員多兼任省政府重要職務，時有缺席，又
　　　未便委派代表。可仿國民政府常會辦法，准許派
　　　人列席陳述意見，並函知在湘各委員。

第七次常會

議事日程　　十七年六月十二□（星期二）

（一）擬定行政官吏考成條例案（主席提出）

（二）擬設立廣播無線電台案（主席提出）

（三）通令省政府委員宜巡視各縣考察吏治縣長宜周行
　　　鄉村勤求民隱案（主席提出）

（四）修正武漢政治分會財政委員會組織條例案（主席
　　　提出）

提案理由並附件

（一）擬製定行政官吏考成條例案（主席提出）

提案理由

為政之道，首在信賞必罰，綜核名實，否則賢愚弗別，
黜陟失平，何以肅官箴而求上理。本會成立伊始，一切
建設規劃期在逐漸推行，凡百職司倘復玩愒因循，大則
置若罔聞，小亦奉行不力，非特有慚素位，實則貽誤民
生。是以督察之方，考成為亟，賞罰進退，標準必嚴，
庶廉能者知所勉勖，而貪鄙者莫從倖免。擬由本會製定
行政官吏考成條例公布施行，一則覘其對於一般成績是
否優長，一則視其對於新政設施有無盡力。先將該條例
大綱提出討論，請公決（考成條例大綱附後）。

　　（一）適用範圍：凡兩省政府所屬各主管官廳廳處
　　長以下各行政官吏均屬之。

（二）執行機關：依事勢性質區別，由本會或各該
政府執行之。

（三）考核時期：自條件頒布日始每半年考成一次，
其有特別情形者得隨時考核。

（四）考成方法：由省政府主席或各主管官廳將所
屬官吏治事成績列入表格或專文陳述分別應獎應懲
等差，送由各該省政府或本會核定行之。

（五）獎懲方法

甲、獎勵

一、記功　二、加俸　三、記名升擢

乙、懲戒

一、記過　二、減俸　三、褫職

（二）擬設兩湖廣播無線電台案（主席提出）

提案理由

據湖北建設廳廳長石瑛函據武昌無線電台工程師羅瑞芬
呈請建設兩湖廣播無線電台以為普遍宣傳之用，擬具計
畫書及預算表請採擇等情，似屬切要。應如何籌措之處，
請公決。

附原函並計畫書預算表

德鄰主席鈞鑑。敬肅者，頃據武昌無線電台工程師羅瑞
芬呈稱以兩湖廣播無線電台有建設之必要，特擬計畫書
及預算表請採擇施行前來。查羅君係留法學生，對於無
線電學極有研究，所陳計畫不無可採。惟案關兩湖建設

事業，屬廳未便擅專，用特檢同原件，備函轉送尊處，敬祈核奪施行為荷。肅此恭請勛安。附計畫書、預算書各一份。石制英謹上。

擬設兩湖廣播無線電台書

為陳述擬設兩湖廣播無線電台計劃，仰祈鑒核採納事。現兩湖軍事告終，訓政伊始，欲使民眾明瞭政府之措施，了解三民主義不為共匪所誘惑，非有敏捷普遍宣傳之器具不為功。若僅賴文字為之宣導，而我國教育尚未普及，其不識字者約佔五分之四，且內地交通梗塞，傳遞困難，動輒數日，如設有廣播無線電台，立時可達全國，祇具有健全之聽官者，無論識字與否，均可收聽該台。每口除放送各種宣傳政府命令、各埠商情、時刻氣象等報告外，並可放送關於娛樂等事業。查漢口距離兩湖邊界最遠不過一千二百餘里，約合七百啟羅密達，祇用五百華特發電力可以達到（五百華特發電力自四百啟羅密達播至一千啟羅密達），至該機價值及裝設工程等費共計需洋二萬四千七百八十元，當年經費每月不過七八百元之譜，均有詳細預算表附閱。建設此台於公家需款有限，於民眾獲益實多，較之印刷宣傳物品誠有過之無不及。且散佈宣傳物品，不識文字者等若廢紙，綜計紙張印工等費輒耗至萬元之鉅，當此國庫空虛之際，苟能減輕此種耗費，對於公家不無小補。瑞芬籍隸湖南，留學於法，於無線電學一項稍知皮毛，並鑑於各國均設有此種電台

為之宣傳，收效頗佳，敢不揣冒昧，將管見所及縷陳鈞
廳。是否有當，伏乞採擇施行。謹呈湖北建設廳廳長石。
武昌無線電台工程師羅瑞芬謹呈。

附預算表二份

擬設廣播無線電台購置機器及裝設工程等費預算表

物別	件數	價額	備考
五百華特播音機	一座	一萬六千元	該機內括應購播音器、調音器、增音器、顯微音器、高裝電機、電動機、電板檢查收音機，共八件。
天地線		一千五百元	
電話線	十二號銅線二啟羅米達	一百元	
木桿	二十根	八十元	
避回聲地毯		三百元	
避回聲絨幔		五百元	
特製留聲機	一副連唱片	一千二百元	
電話機	二座	一百元	
鋼琴等中西樂器		一千五百元	
室內陳設		五百元	
	以上共需洋二萬一千七百八十元		
裝設費類			
銅線鋼桿螺絲線器等雜件		六百元	
臨時材料費		二百元	
工程師及工匠公役薪金		二千元	擬兩月裝成
公費		二百元	
	以上共需洋三千元		
	以上總共需洋二萬四千七百八十元		

廣播無線電台每月經費預算表

職別	名額	薪額	備考
台長兼工程師	一名	二百四十元	
工務員	一名	一百元	
工匠	二名	一百二十元	每名六十元
司事	一名	七十元	
小工	一名	十二元	
雜役	一名	十二元	
電料及辦公費		二百元	
	以上共洋七百五十四元		

（三）通令省政府委員宜巡視各縣考察吏治縣長宜周巡鄉
　　　村勤求民隱案（主席提出）

提案理由

國民革命以達到全民政治為目的，訓政開始尤在政府領袖時
時與民眾接近，公開治權。庶目前之建設實施及將來政權之
直接、間接行使，乃能使其了解。前清官吏高坐堂皇，上下
之情，輒多疏隔，遂致吏胥衙役，因緣為奸。辛亥以還，從
前積習仍多未革，現當與民更始，尤應周知民隱，庶一切施
設皆易推行，省政府委員及各縣縣長均應隨時按行轄境，考
察吏治，宣導政情，俾舉興革之宜而謀地方之福。擬由會通
令遵行，當否，候公決。

（四）修正武漢政治分會財政委員會組織條例案（主席提出）

提案理由

前本會第三次常會曾通過財政委員會組織條例，茲據該會聲
稱各條中間有未盡吻合之處，業經逐條詳加審核，另擬修
正。當否，請公決。

議決案

日　　期　十七年六月十二日（星期二）下午一時

地　　點　本會

出席委員　李宗仁　張知本　胡宗鐸　張華輔　嚴　重

請假委員　白崇禧　陳紹寬　李隆建　劉嶽峙　魯滌平

主　　席　李宗仁

秘 書 長　翁敬棠

紀　　錄　李載民　林眾可

主席恭讀總理遺囑，宣告開會。

秘書長報告處理事務並執行第六次常會議決各案經過。

討論議事日程

（一）擬製定行政官吏考成條例案（主席提出）

議決：令行兩省政府，依據大綱詳訂考成條例呈報批准
　　　施行。

　　　附考成條例大綱

　　　（一）適用範圍：凡兩省政府所屬各主管官廳廳
　　　處長以下各行政官吏均屬之。

　　　（二）執行機關：依事務性質區別，由本會或各
　　　該省政府執行之。

　　　（三）考核時期：自條例頒布日始每半年考成一
　　　次，其有特別情形者得隨時考核。

　　　（四）考成方法：由省政府主席或各主管官廳將

所屬官吏治事成績列入表格或專文陳述分別應獎

應懲等差，送由各該省政府或本會核定行之。

（五）獎懲辦法

甲、獎勵

（一）記功 （二）加俸 （三）記名升擢

乙、懲戒

（一）記過 （二）減俸 （三）褫職

（二）擬設兩湖廣播無線電台案（主席提出）

議決：令交湖北建設廳長石瑛審核籌辦，呈報備核。

（三）通令省政府委員宜巡視各縣考察吏治縣長宜周巡
鄉村勤求民隱案（主席提出）

議決：通令湘、鄂兩省政府及各縣縣長切實施行。

（四）修正武漢政治分會財政委員會組織條例案（主席
提出）

議決：照修正條例通過。

（五）擬請漢陽兵工廠停造步槍所有特種武器函請總司令
部保管並分期實行兵工政策案（胡委員宗鐸提出）

議決：自七月一日起停造步槍，在此期間內應迅籌安置工
人方法，並函請總司令部保管特種武器以備國防之
用。至分期實行兵工政策，亦函請總司令部核辦。

臨時動議

（一）李隆建陽電請辭湖南財政廳長案（主席提出）

議決：甲、電復照准。

　　　乙、電保劉嶽峙繼任，並電劉嶽峙先行視事。

　　　丙、電知湖南省政府主席魯滌平。

中央政治會議武漢分會財政委員會組職條例

第一條　本會由中央政治會議武漢分會依據政治分會暫
　　　　行條例第二條第二項之規定組織之。

第二條　本會由中央政治會議武漢分會之決議，綜理湖
　　　　北、湖南兩省境內之財政事宜。

第三條　本會委員額定七人至九人，中央政治會議武漢
　　　　分會委員一人暨湖北、湖南兩省政府財政廳廳
　　　　長均為兼任委員，其餘委員由中央政治會議武
　　　　漢分會委任富有財政學識經驗之專家充之，並
　　　　指定委員一人為主任委員。

第四條　本會得聘任有財政學識經驗者若干人為顧問，
　　　　以備諮詢。

第五條　本會設左列一處四科，分掌各項事務：

　　　　（一）秘書處：職掌機要文電、覆核稿件及會
　　　　議紀錄等事項。

　　　　（二）總務科：職掌文書、會計、庶務及不屬
　　　　於各科事項。

（三）整理科：職掌調查整理中央財政及地方財政事項。

（四）收支科：職掌款項出納登記及金庫保管事項。

（五）審核科：職掌審核屬於中央各機關預算決算，並辦理統計及關於省政府審計委員會之事項。

第六條　本會秘書處置秘書三人，各科各置科長一人，按事務之繁簡得分若干股，每股置股長一人，股員、辦事員、雇員各若干人。

第七條　秘書科長由本會遴員呈請中央政治會議武漢分會委任，股長以下職員由本會委任呈報備查。本會科長得由委員兼任。

第八條　本會會議規則暨辦事細則另定之。

第九條　本條例自中央政治會議武漢分會議決公布之日施行。

第十條　本條例如有未盡事宜，得由中央政治會議武漢分會提議修改之。

附中央政治會議武漢分會財政委員會組織系統表

中央政治會議武漢分會財政委員會組織系統表

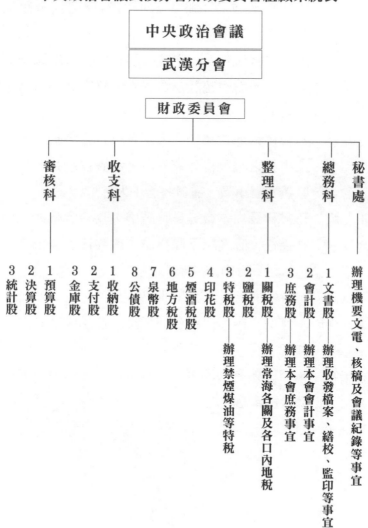

第八次常會

議事日程——十七年六月十五日（星期五）

（一）湖南省政府魯主席函送行政大綱並列舉各案要旨案
　　　（主席提出）

（二）漢口印刷所轉呈林新楠等呈擬統一錢票印刷計劃案
　　　（主席提出）

提案理由並附件

（一）湖南省政府魯主席函送行政大綱並列舉各案要旨
　　　案（主席提出）

提案理由

據湖南省政府主席魯滌平函稱湘省政府業已成立，連日
集議，即將所得結果定為政綱，並列舉各案要旨，推派
劉委員嶽峙賷案面陳，敬懇核奪等情。茲將該行政大綱
及各案要旨提出討論，請公決。

原函及附件附後

附湖南省政府主席魯滌平原函

德公主席鈞鑒。敬啟者，滌平等前蒙鈞會保舉，奉中央
命執行湘省政務，業於六月一日成立湖南省政府，經呈
報在案。滌平等以湘省凋敝已達極點，民困待蘇，庶政
待理，爰於政府成立以後，連日集議，即將所得結果定
為政綱，決於最短期間促其實現。惟是滌平等自愧讒陋，
深恐所見無關閎旨，而處理方法尤貴得宜，始能行之而

無礙。鈞會負有指導兩湖政治之責，主席對於政治見地尤多獨到，湘中所議是否有當，特推派劉委員嶽峙賫案前來並面陳一切，敬懇核奪。種種問題，併祈面授機宜，俾有率循。庶幾異日實施，可免柄鑿不入之弊。臚列報告及請示各案要旨於後：

一、湘省政治近況應向鈞會報告詳晰，以便隨時指導。此次所議政綱全部均為湘省政府目前施政最低限度之鵠的，誓竭全力促其於相當期間完全實現，有無適當之處，並候示遵。

二、六月八日討論關於建設事項，議決撥長沙、衡陽兩軍械局機器廠舍歸建設廳接管，設立民生工廠，藉符化兵為工之義。

三、同日討論促成粵漢路案。僉以吾國版圖遼闊，而東西、南北無一縱橫幹路，交通既感不便，風氣因而閉塞。粵漢鐵路如告成功，則南自廣東，北至直隸，一車可達，交通上增進便利，實屬鉅大。而未築成之段又僅祇湘南數百里之遠，一簣之功，應即促成。經議決商承武漢政治分會，並會同廣東省政府積極進行。

四、湘省財政匱乏，歷經搜括，已成竭澤，共禍重演，十室九空。政府成立，百政待舉，剿匪、剷共固為當務之急，要非刷新庶政，亦無以善其後。惟財政為庶政之母，就湘省現狀而論，實無力同時負擔軍政各費，議決請劃分國稅、省稅，並以省稅擔

任地方經費，必須如此辦理，省預算始克成立，庶
政方能實施。至湘省所需軍費，務懇統籌准由國稅
項下撥款接濟。

五、前者中央交通部電湘省派代表一人赴寧設立整
理漢冶萍公司委員會，經建設廳派定人員正準備首
途間，接李委員隆建奉程前主席諭，由湘來電令建
廳所派人員緩行。此請究應如何辦理。

六、李委員隆建善於理財，忽萌退志。湘政府同人
以現在各軍給養正待計日接濟，且節關在邇，籌措
餉糈，端資擘畫，一旦驟易，生手難免發生障礙，
一致議決，務懇鈞會予以慰留。

右列諸端容有未詳未盡之處，諸由劉委員面罄，幸垂察
焉，專肅敬請鈞安。湖南省政府主席魯滌平謹啟。六月
十一日。

湖南省政府行政大綱

弁言

吾湘軍事告終之日，即為訓政開始之時。本政府於時成
立，敷政伊始，經緯萬端，要不能不斟酌輕重緩急，便
於實施。爰將會議所得列為行政大綱，計關於民政者十
有三，關於財政者十有五，關於教育者七，關於建設者
十有一，關於軍事者六，此皆為目前施政最低限度之大
綱，務期於最近期間促其實現。其艱而鉅者，勢不能不
稍假時日，徐圖進行耳。主席魯滌平六月日。

關於民政者

一、籌備地方自治以樹黨的基礎。

二、整理各縣民團，實行挨戶團之編制，並慎重辦團人員，使民團成為人民自衛之武力。

三、整飭吏治，慎重縣長人選，並提高其威權，增加縣行政經費。縣署重要職員應受黨的訓練，俾收以黨治國之實效。

四、改良各地警察。

五、為伸張總理所定考試權實行用人公開起見，舉行行政官吏考試。

六、查照前湘、鄂政務委員會議關於禁煙有寓禁於徵之議決案，並採取臺灣禁煙辦法屬行禁煙。

七、嚴禁賭博、崇尚節儉以整頓風化。

八、賑濟災民，並籌辦災區善後事宜。

九、撫綏流亡湘民受共黨壓迫去鄉者，令其歸里共圖建設，其有奔競於都市者，亦諭其返鄉為農村謀福利。

十、遵照中央法令組織湖南臨時特種刑事法院，所有以前懲共法院、瀆職法庭及劃歸清鄉督辦署管轄之偵緝處均歸併臨時特種刑事法院，以一事權。

十一、繼續建築新監，由高等法院籌備進行，經費不敷時由高等法院呈請中央補助。

十二、各縣原設之清鄉委員會統歸清鄉督辦署指揮，以一事權。

十三、改組各縣公法團，慎重其人選。

關於財政者

一、劃分國稅、省稅，並以省稅擔任地方經費。

二、限期成立省預算，俟施政方針全部決定後，對於官俸則根據中央頒布官俸法與官俸減成命令訂定之，對於官制則視本省財力以為伸縮制定預算，並設立審查預算機關以審定之。

三、整理會計制度，並制定會計統一條例改良簿記。

四、整理田賦並清理田賦附加。

五、清理省政府與准商之債務關係以整理鹽稅。

六、改良釐金制度。

七、依善後會議決議案推行新稅。

八、參照財政廳原定徵收官吏考試任用條例，慎重考試、整理稅收。

九、養成徵收官吏，核定適宜薪俸，並制定徵收官吏服務保障條例。

十、設立湖南財政整理委員會。

十一、發給人民產業執照以便登記，並確定課稅之基礎。

十二、依善後會議議決案設立公產清理處。

十三、籌辦省銀行。

十四、嚴懲貪污。

十五、各縣設立財政局，歸併各項稅收財政機關。

關於教育者

一、以實施三民主義教育、發揚民族固有精神為教育方針。

二、普及農村教育，採用職業教育，同時斟酌情形，使

人才教育亦得相當之發展。

三、嚴懲把持教育、侵吞學款之敗類。

四、取締營業式之私立學校。

五、依教育計劃實施狀況確定省教育經費，嚴守預算。

六、整理擴充各地方教育經費，並規定監督保管制度。

七、審定湖南大學預算。

關於建設者

一、開發礦藏，如常寧、斗嶺煤礦，慈利雄黃礦，常寧、水口山鉛鋅礦，寧鄉、清溪冲煤礦等，均分別緩急開採或整理之。

二、開辦工廠，如黑鉛煉廠、白鉛煉廠、造幣廠等，均須次等開辦以救濟失業工人。

三、增進生產如第一紡紗廠、機器製造廠、醴陵窯業工廠等，均須擴充或恢復之。

四、強制造林。

五、清理湖田。

六、整理電政。

七、整頓路政，促成粵漢鐵路，厘訂第一、第二、第三汽車路辦法。

八、調查地質。

九、整理市政。

十、催辦各縣貧民工藝廠。

十一、設立建設委員會。

關於軍事者

一、為減輕人民負擔起見，於相當時期自動裁兵。

二、各軍新編雜色部隊一律收束。

三、廢止清鄉招撫條例，至各區清鄉部隊應於同一時期
　　屬行會剿，不得再事招撫，但對於繳出武器願為良
　　民者，得由清鄉督辦署給以自新證許其自新。

四、清鄉所得槍枝，適用者交給各地團局補充自衛，不
　　適用之廢槍一律毀銷。

五、屬行清鄉懲獎條例。

六、於各區清鄉時應分設督察員、宣傳員，加以黨的使
　　命，實施黨的感化。

（二）漢口印刷所主任轉呈林新楠等呈擬統一錢票印刷
　　　計劃案（主席提出）

提案理由

據漢口印刷所主任呈據林新楠、何健民呈稱湖北銅元停
鑄，輔幣缺乏，各地商民多自印錢票，每年統計數達
三千萬張，擬請加以取締，統歸公家橡皮機印刷局印刷，
以杜流弊，條陳十二款請採擇等情。查商民自印錢票流
通市面流弊滋多，目前輔幣缺乏，雖勢難禁止，然亦不
可漫無稽考。所擬由公家統一印刷以資統計之處，尚不
無理由。應如何辦理，請公決。

原呈並附件附後

附林新楠何健民原呈

呈為取締錢票印刷以杜流弊而裕軍餉事。竊湖北銅元停

鑄，輔幣缺乏，各地商民多有自印錢票以便流通。政府因
銀行尚在籌備，幣制尚待劃一，並未加以干涉。而各地商
民利用機會，或成本微薄任意發行，或假冒商牌平空偽
造，即各印刷商店忠實印刷者固有其人，而因緣為奸者亦
在所不免，種種流弊，妨害社會，時起糾紛，所宜亟加取
締，以濟政府一時不能整頓幣制之窮。查武漢各印刷商店
每年所印各地錢票統計數達三千萬張，應得價資三十萬
元，除開支外尚可盈餘一十七萬餘元。方今軍事倥傯，籌
餉孔亟，錢票充斥，取締宜嚴，擬請將以前沒收現尚棄置
吳逆佩孚時所購之美國橡皮機開設印刷局，先從各地商民
錢票著手，聚歸一處印刷流通，數目得以統計。政府不但
為將來籌設銀行之張本，即施行幣制統一，亦可預為他日
禁止之地步，且可藉以籌集軍餉，可謂一舉兩得矣。謹將
辦法及利益條陳於後，以備採擇施行。

一、擬請武漢政治分會將接收前武漢革命軍日報社
之美國橡皮機及附帶之切紙機撥給，以組織一印刷
局，專印各地商民發行之錢票，使錢票印刷既得統
一，而流行數量亦可統計，為政府將來籌設銀行統
一幣制之張本。

二、查漢口各印刷商店因資本多寡關係，所具之規
模各有不同，況因取利之厚薄，其營業之手段亦異，
故出品優劣，實參差不齊，此則翻印偽造之所由來
也，其遺害社會實非淺鮮。

三、政府一經設局專印，對於錢票印刷力求改良，

紙張油墨概採上等材料，製版印造務求精良。既可減少偽造之弊端，即係保障錢票之流通，並且物美價廉，使付印錢票之商民亦樂於贊同。

四、查湖北各地商民所發行之錢票，除在上海印刷外，專在漢口各印刷商店印刷者，每年添印以最少限度統計，約有三千萬張。

五、此項三千萬張錢票之印刷費以最低價格計算，約需價洋三十餘萬元。

六、此項錢票所需材料計鈔票紙一千八百七十五令（上等鈔票紙每令約四十元），約計洋七萬五千元，油墨及各項材料約計洋一萬元。

七、此項錢票係各地商民每年添印數額源源而來的，故有橡皮機一部之生產力足以應付有餘。

八、局內職工薪水及雜項開支每月預算約四千元（此就規模稍大而計算，如規模較小尚可節省），一年計算四萬八千元。

九、此項錢票其收入印刷費計有三十餘萬元，除紙、墨、材料及局內開支暨開辦費等外，比對尚可盈餘一十六萬餘元。

十、裝置機器及籌備一切須一個半月時間始能開工印造，其開辦費約洋五千元。

十一、在不能繼續印刷錢票之空餘時間和夜間，尚可接印他項之印刷品。

十二、至局所及工廠之組織，和使各地之錢票聚歸

一處印刷之計劃及方案，俟再擬具。

擬具者林新楠、何健民。十七、六、十一。

議決案

日　　期　十七年六月十五日（星期五）下午一時

地　　點　本會

出席委員　李宗仁　胡宗鐸　張知本　張華輔　劉嶽峙
　　　　　嚴　重

請假委員　白崇禧　陳紹寬　李隆建　魯滌平

列　席　人　財政委員會代表金軺章

主　　席　李宗仁

秘　書　長　翁敬棠

紀　　錄　李載民　林眾可

主席恭讀總理遺囑，宣告開會。

秘書長報告處理事務並執行第七次常會議決各案經過。

討論議事日程

（一）湖南省政府主席魯滌平函送行政大綱並列舉各案
　　　要旨案（主席提出）

議決：甲、湘省施政大綱

　　　　應連同湖北省政府所交最近一年政綱分別整理，
　　　　作為兩湖施政綱要。

　　　乙、長沙、衡陽軍械局廠舍改設民生工廠

照辦，函總司令部查照轉行湖南省政府分別結束
籌辦。

丙、 完成粵漢鐵路

俟廣州計劃書送到再行設立籌備處，積極舉辦以
期早日完成。

丁、 劃分國家地方兩稅

應劃分國、地兩稅，交財政委員會擬訂詳細辦法。

戊、 整理漢冶萍公司

應由湖南省政府詳具意見書送會備核。湖北省政
府意見書已據張委員聲明即日提出，俟湘、鄂兩
省意見書送會，再行彙案辦理。

己、 劉委員嶽峙堅辭湘省財政廳長

李財政廳長辭職業經第七次常會議決照准，並已電
湖南省政府知照，應請劉委員勉為其難。

（二）漢口印刷所主任轉呈統一錢票印刷計劃案（主席
提出）

議決：此項錢票應設法禁止，一面催促兩省財政廳速發行
銅元票以濟市用，所呈應勿〔毋〕庸議。

（三）中央政治會議武漢分會及財政委員會支付預算書
案（主席提出）

議決：修正。

臨時動議

（一）李明灝真電擬出洋考察乞電湖南省政府酌給資用
　　　案（主席提出）

議決：電湖南省政府酌量辦理，並電復李明灝。

（二）湖南省政府主席魯滌平真電設立財政整理委員會
　　　請准備案案（主席提出）

議決：電復准予備案。

（三）湖南禁煙局長人選案（主席提出）

議決：以羅棻為湖南禁煙局長，交財政委員會照辦。

第九次常會

議事日程——十七年六月十九日（星期二）

一、武昌第一紗廠南北紡織兩廠全體工人稟請飭令該廠從
　　早開工以免凍餒案（主席提出）

二、武漢電話局管轄案（主席提出）

三、湖南建設廳長劉召團呈請派員赴贛商除匪患促飭
　　萍礦及早籌備開工以維國有工業而救失業工人案
　　（主席提出）

四、李明灝電辭湖南省政務委員案（主席提出）

五、大學院蔡院長元電鄂省大學定名為國立武漢大學案
　　（主席提出）

提案理由並附件

（一）武昌第一紗廠南北紡織兩廠全體工人稟請飭令該
　　　廠從早開工以免凍餒案（主席提出）

提案理由

案據第四集團軍總司令部函開據武昌第一紗廠南北紡織
兩廠全體工人稟，懇迅速飭令廠方從早開工，因屬於民
事，相應檢同副稟，函請貴會查核辦理等由。查本會第
一次常會臨時動議，對於兩省官有工廠招商承辦一案，
當經議決令行兩省政府迅速調查核辦。該工廠停辦年
餘，原因何在，似不能不詳悉調查，設法令其復業，以
維持數千失業工人之生計。應如何設法促令該兩工廠迅

速開工，以救濟失業之處，請公決。

原稟附後

具稟武昌第一紗廠南北紡織兩廠全體工人等

為停工日久，生計虛懸，公懇迅速飭令廠方從早開工，以免失業而保凍餒事。緣工等前將該廠，自去歲八月停頓，迄今未見開工，而九千八百工等俱屬引領而望且近生活，一旦掃除盡淨，甚至毫無安插之地，純屬饑餓各等情，業經呈報並懇求國民政府軍事委員會暨就近各機關在案。日前承蒙軍事委員會批覆候令上游辦事處，准其令飭廠方即行開工，免荒實業，然工等自應靜候，無如眷屬人口嗷嗷，生計斷絕無從覓哺，而近饑懸，實難忍載，甚至山窮水盡，仰首蒼蒼，抑何顛倒若此，如不聯名公懇救濟，則工等生活前途何堪設想。且工等自成殍野之嘆，無形失業，由此身家難保，饑餓逼迫，一籌莫展，每念及此，欷歔欲絕，無不歎其以受倒懸之疾。可憐工等俱屬寠人子耳，欲之守工，趨於繁榮，詎知漸受饑凌，迫極慘極。祇得以將種種困難情形，理合備文公同聯名泣叩處長台前，垂憐下情，賞恩救濟，從速飭令廠方董事會迅早開工，解除九千八百工等之饑餓痛苦，庶免老幼嗷嗷待哺，以全工業而維生活，敬候批示，實紉公誼。謹呈國民政府長江上游駐漢辦公處。

（二）武漢電話局管轄案（主席提出）

提案理由

據湖北省政府主席張知本呈稱，武漢電話局因前歲國民政府遷鄂劃歸中央直轄，原屬一時變通之計，屬府第十八次政務會議議決呈請飭還仍歸地方政府管理，交由湖北建設廳接管。並准第四集團軍總司令部函轉交通部王部長元電以電局收歸省有，妨礙行政，且與政府組織法不符，請維持各等由。似此情詞各執，究應如何辦理之處，請公決。

原呈原電附後

呈為呈請事。竊查武漢電話局向係地方政府管理，自國民政府遷鄂後劃歸中央直轄，原屬一時變通之計。寧漢合作，中央移於南京，對於武漢電話局居中遙制，鞭長莫及，現在屬府成立已久，凡關於地方行政自應切實負責，以紓中央兼顧之勞。茲於屬府第十八次政務會議議決，呈請鈞會將武漢電話局飭還建設廳接管，以便從事整理，恢復原狀，所有先後管理情形，理合備文呈請鑒核，批示祇遵，實為公便。謹呈武漢政治分會。湖北省政府主席張知本。

急。漢口李總司令勛鑒。協密。頃聞湖北省政府有將武漢電話局收歸省有並擬提出政治分會之說。查武漢電話局原屬部辦，負有外交上借款，為數甚鉅，更有協濟鄂、豫、湘、贛等省電局經費之責，故該局不獨為國有電政資產，實為鄂、豫、湘、贛諸省電政命脈。設以國有事業而改為

省辦，非惟有妨行政統系，且與政府制定本部組織法未符。本部統籌電政，計慮所及，殊深惶惑，務請察照，力予維持，庶電政得以統一整頓，亦屬有資黨國，前途實利賴之。專電馳佈，佇候明教。弟王伯羣叩。元印。

（三）湖南建設廳長劉召圃呈請派員赴贛商除匪患促飭 萍礦及早籌備開工以維國有工業而救失業工人案 （主席提出）

提案理由

據湖南建設廳長劉召圃呈據株萍鐵路管理局長劉競西代電稱職局與萍鄉礦務原係共同生活，相依為命，萍礦近仍負責無人，不惟該礦礦工日食無法維持，即職路收入亦大受打擊，且值此共匪猖獗之際，尤慮乘機鼓動。現在中央農礦、交通各部早經成立，擬有整理漢冶萍鐵礦廠辦法，應促萍礦早日籌備開工，以維國家僅有之工業，以救濟數萬失業之工人等情。據此事關國計民生實大，應如何辦理之處，請公決。

原呈附後

呈為呈請事。案據株萍鐵路管理局長劉競西代電呈稱湘鄂臨時政務委員會主席程鈞鑒。竊職路與萍鄉礦務原係共同生活，相依為命，邇年變故迭乘，路、礦兩途均極窳敗競西。今春接辦路政屢被匪攻，近雖竭忱整理，稍有起色，而萍礦仍負責無人，僅由工人自動開採，藉謀日食。嗣以日煤侵入，剝奪銷路，而萍局又因洗台停工，以致形質欠

佳，出售尤滯。浸至今日，日僅出煤二百餘噸，礦工日食既苦，無法維持，職路收入亦頓，大受打擊。伏思國家元氣原視實業為轉移，湘、贛兩省向以萍礦與水口山礦及紡紗廠等為人民命脈，今其存者僅殘喘之萍礦，倘並此而亦至銷滅，則實業之根基盡喪，工人之流散愈多，瞻念前途，何堪設想。且萍安五方雜處，工人良莠不齊，值此兵匪猖獗之秋，尤慮乘機鼓動，致生意外。擬懇鈞座一面轉呈國府迅予根本維持，一面派員赴贛磋商救濟方法，以消隱患而維實業，如何之處，伏候鈞裁等情。據此查該鐵路純為運輸萍煤而建築，萍礦既停，路局因受影響，且工人之流散愈多，值此共匪猖獗之際，尤慮乘機鼓動。現在中央農礦、交通各部早經成立，擬有整理漢冶萍鐵礦廠辦法，並經國民政府批准在案。據電前情，理合呈請鈞會促其及早籌備開工，以維持國家僅有之工業，以救濟數萬失業之工人。是否有當，敬候鈞裁。謹呈武漢政治分會主席李。湖南建設廳長劉召圍。

（四）李明灝電辭湖南省政務委員案（主席提出）

提案理由

據湖南省政務委員李明灝寒電稱身體多疾不能勝任湘省政務委員，懇准收回成命。旋據湖南省政府主席魯滌平電同前由，並請可否准予資助學費遊學歐美各等語。應如何准駁之處，請公決。

原電附後

國急漢口中央政治會議武漢分會主席李鈞鑒。竊明灝荷蒙保任湖南省政務委員，分應勉竭棉薄，力圖報稱。惟自顧身體多疾，政治尤非夙諳，何敢尸位備員，自誤要公。伏懇鈞座准予收回成命，另簡賢能，俾得靜心調養，不勝感禱之至。卸任第六軍代軍長三十七師師長李明灝呈叩。寒印。

武漢政治分會李主席鈞鑒。迭據屬會委員李明灝函電稱於省委一席，實因學識譾陋，未敢濫竽，加之身軀猶弱，百病叢生，實難勝任。現決意遊歷歐美，以廣見聞而資休養，擬請提案資助學費，俾早成行等語。查該委員於未奉到委令以前曾有此意表示，茲復函電交馳，情詞迫切，挽留再四，辭意甚堅。可否准予資助學費遊學歐美之處，伏乞察核示遵。湖南省政府主席魯滌平叩。寒印。

（五）大學院蔡院長元電改鄂省大學為國立武漢大學案
（主席提出）

提案理由

准大學院蔡院長元電開鄂省大學定名為國立武漢大學，擬由院聘劉樹杞為該校籌備委員會主任委員，王世杰、李四光、曾照安、任凱南、麥煥章、涂允檀、周鯁生、黃建中為委員。茲特電達執事徵求同意，並盼電復等由。究應如何答復之處，請公決。

原電附後

武漢政治分會李主席鑒。鄂省大學定名為國立武漢大學，擬由院聘劉樹杞為該校籌備委員會主任委員，王世杰、李四光、曾照安、仟凱南、麥煥章、涂允檀、周鯁生、黃建中為委員。茲特電達執事徵求同意，並盼電復。大學院長蔡元培印。

議決案

日　　期　十七年六月十九日（星期二）下午二時
地　　點　本會
出席委員　李宗仁　　胡宗鐸　　張華輔　　張知本　　嚴　重
請假委員　白崇禧　　陳紹寬　　李隆建　　劉嶽峙　　魯滌平
主　　席　李宗仁
秘　書　長　翁敬棠
紀　　錄　李載民　　林眾可

主席恭讀總理遺囑，宣告開會。
秘書長報告處理事務並執行第八次常會議決各案經過。

討論議事日程

（一）武昌第一紗廠南北紡織兩廠全體工人稟請飭令該
　　　廠從早開工以免凍餒案（主席提出）
議決：令行湖北省政府轉令建設廳飭令該廠主迅速籌備
　　　開工。
（二）武漢電話局管轄案（主席提出）

議決：電復交通部說明理由，仍由市政辦理。

（三）湖南建設廳長劉召圍呈請派員赴贛商除匪患促餝
　　　萍礦及早籌備開工以維國有實業而救失業工人案
　　　（主席提出）

議決：指令就便派人赴贛接洽迅速恢復開採呈報備核，
　　　並令湖南省政府知照。

（四）李明灝電辭湖南省政務委員案（主席提出）

議決：復電慰留，至資助學費一節電湖南省政府酌量辦理。

（五）大學院蔡院長元電鄂省大學定名為國立武漢大學
　　　案（主席提出）

議決：函達劉主任徵詢意見，俟下次常會再行提出。

第十次常會

議事日程——十七年六月二十六日（星期二）

（一）籌備大學案（主席提出）

（二）湖北省政府主席呈為岳總司令以南路軍名義侵入
　　　鄂境任意委任官吏懇請咨行軍事委員會嚴令歸還
　　　政權以便遴員接署案（主席提出）

（三）提議請設立武漢圖書編印館案（胡委員宗鐸提出）

（四）外交部特派湖北交涉員甘介侯呈請按月指撥八百
　　　元俾資津貼案（主席提出）

（五）江漢關監督甘介侯呈為個人攜帶現銀現洋由漢前
　　　往他處擬規定不得過千元案（主席提出）

（六）湖北省政府主席呈准武漢衛戍司令部咨以公安局
　　　職員薪薄職苦請援司法教育兩界成例免予減成支
　　　給以示體恤案（主席提出）

（七）湖北省政府主席呈為據情轉請將各縣鄉密電報減
　　　費案（主席提出）

（八）湖南省教育經費委員會臨時籌備處電請實施教育
　　　經費獨立案（主席提出）

提案理由並附件

（一）籌備大學案（主席提出）

提案理由

前准大學院蔡院長元電鄂省大學定名為國立武漢大學，

經本會第九次常會議決，函達劉主任徵詢意見，俟下次常會再行提出。茲接到劉主任復函請增設委員二人，以張健、陸士寅補充，並遵命到會參加。又准蔡院長函據湖北教育廳廳長劉樹杞呈稱，查湖北原設中山大學經常費月支六萬元，依照籌備委員會簡章第六條之規定籌備經費月定三千元，此項經費均應由湖北省國稅項下開支，應請轉咨飭撥等情。查該籌備委員會月需經費三千元，應由貴會轉飭財政委員會照數發給，以資辦公各等由。惟查該院函所稱湖北大學籌備委員會是否即為國立武漢大學，應即併案提出討論，請公決。

原函附後

劉主任復函

德公主席鈞鑑。頃奉鈞會秘書處公函，囑將籌備大學意見剋日送會等因。查籌備委員中在京、湘各地任有要職者頗多，恐未必能悉數來鄂實行任事，然以其在學術上負有重望，籌備大學事關重要，自應請其參加意見，以期周妥。茲為雙方兼顧起見，擬請鈞會核議增設委員二人以利進行。如蒙核准，擬請以張健、陸士寅二員補充，由鈞會電商大學院加聘。除開會時遵命到會參加外，謹將鄙見函陳左右，敬希鑒核為幸。專此奉復，敬頌勛安。附呈張健、陸士寅簡明履歷。劉樹杞謹上。六、二十。

張健　英哀丁堡大學碩士，前國立北京師範大學、武昌大學、南京第四中山大學教授。

陸士寅　美國芝加哥大學教育研究院碩士，法國巴黎大學

研究員，歷充歐洲聯歡部軍事教育幹事，巴黎華僑週刊主任，滬江大學教育系教授兼中學校長，光華大學、大廈大學、廈門大學等校教授，上海新民中學校校長。

蔡院長請飭撥湖北大學籌備委員會經費原函

逕啟者。現據湖北教育廳廳長劉樹杞呈稱為呈請事，案查籌備湖北大學一案業經呈奉鈞院指令照准，籌備委員會簡章亦經遵照指令修改呈復在案，現距開學期近，亟須著手籌備。查籌備委員會簡章第三條之規定籌備委員會主任委員以一人，委員六至八人，應由職廳商承鈞院聘任，茲遵照抄具名單，呈請鑒核准予聘任，以專責成。又查湖北原設中山大學經常費月支六萬元，依照籌備委員會簡章第六條之規定，籌備經費月定三千元，此項經費均應由湖北國稅項下開支，應請鈞院鑒核轉咨武漢政治分會令飭財政委員如數撥付。所有上項經費詳細預算，應俟籌備委員會成立後，由該會詳細擬訂呈請鈞院核轉以完手續，所有呈請聘任湖北大學籌備委員及轉咨撥付經費各緣由，理合呈請鈞院鑒核施行指令祇遵等情。據此查該籌備委員會月需經費三千元，應由貴會轉飭財政委員會照數撥給以資辦公，相應函達，請煩查照辦理，至紉公宜。此致中央政治會議武漢分會。大學院院長蔡元培。

（二）湖北省政府主席張知本呈為岳總司令以南路軍名
　　　義侵入鄂境任意委任官吏懇請咨行軍事委員會嚴
　　　令歸還政權以便遴員接署案（主席提出）

提案理由

據湖北省政府主席張知本呈據民政廳廳長嚴重呈稱查穀城
縣長原由湘鄂臨時政務委員會委任林德寬署理，上月感日
林縣長曾由樊城旅次電陳首途赴任，乃未及到縣，由二集
團軍南路軍岳總司令改委為南漳縣長，並另以王信徵委署
穀城縣長。岳總司令以南路軍名義侵入鄂境，任意委任官
長，行政前途何堪設想，請轉呈咨行軍事委員會嚴令取
消，歸還政權，以便遴員接署，而免阻滯行政進行，懇鑒
核示遵等情。查事權不一於行政前途實多滯礙，理合呈請
鑒核飭遵等情。查岳軍侵入鄂境，任意調委縣長，有礙行
政事權，應如何辦理之處，請公決。

原呈附後

湖北省政府張主席請咨行軍委會嚴令岳軍歸還政權原呈
為呈請事。案據民政廳廳長嚴重呈稱案奉鈞府第八一號
令開為令行事，案據穀城縣司法委員陶端明虞代電呈該
縣行政已由新委王縣長信徵負責經理十日，並無經理財
政關係等情。復據該縣商會長劉大儒等呈稱王前縣長業
文捲款潛逃，懇通緝歸案，並飭林縣長德寬下縣或令司
法委員陶端明兼代等情。據此查此案前據該縣司法委員
陶端明及縣紳劉瑩廷等呈請到府，經令該廳長核辦在案。
茲據前情，除分別批示外，合亟抄發原電及呈，令仰該

廳長併案核辦，此令等因，計抄發穀城縣司法委員陶端
明、商會長劉大儒等原電及呈各一件。奉此查穀城縣王
前縣長業文捲款潛逃一案，業經縣令飭該縣現任縣長切
實查復核辦，並呈復鈞府在案。惟查該穀城縣長原由湘
鄂臨時政務委員會委任林德寬署理，上月感日林縣長曾
由樊城旅次電陳首途赴任，乃未及到縣，由二集團軍南
路軍岳總司令改委為南漳縣長，已據卸任南漳縣長呈報
有案，並另以王信徵委署穀城縣長。復據該縣司法委員
前代縣長陶端明呈報前來，岳總司令以南路軍名義侵入
鄂境，任意委任官吏，行政前途何堪設想，擬請轉呈武
漢政治分會咨行軍事委員會嚴令取消，歸還政權，以便
遴員接署，而免阻滯行政進行，奉令前因，理合備文呈
復鈞府鑒核示遵等情到府。查事權不一，於行政前途實
多滯礙，理合據情備文呈請鈞會鑒核飭遵。謹呈中央政
治會議武漢分會。湖北省政府主席張知本。

（三）提議請設立武漢圖書編印館案（胡委員宗鐸提出）

提案理由

武漢為全國中心，輪軌四達，戡亂之後，敷教為先。敷
教之方，講學為亟，總理所謂心理建設、物質建設、社
會建設三者必資於學，一科學之發明，一真理之研討，
必有共同講論之地，慎思詳辨，以與社會相見，政府
誠宜力予提倡，優給獎金，以為之勸，代為印布，以
廣其傳。本會前次議決收集中央日報等印刷機另行設

立印刷所，宗鐸以為宜就此機件設法擴充設立武漢圖書編印館，延聘專門學者分門編譯，又附設規模較大之閱覽室、講演場，以期奮起民眾為精神上之奮鬥。頃者時局緊張，以全局言，外交屈辱，非空言所能應付。勾踐報吳十年教訓，非以學救國不為功，以鄂省言，共黨肆毒青年，學子厭棄學業，中風狂走，非講學無以寧其心志，正不必高語文化謂將追蹤盛軌，而丁此岌岌，誠所謂救火止沸，未可稍緩，須臾者也。謹酌擬武漢圖書編印館組織大綱，提請公決。

武漢圖書編印館組織大綱

一、此項圖書編印館應分為三部（一）編譯部（二）印刷部（三）發行部（先成立編譯部然後依次成立印刷部與發行部）。

二、編譯部：編譯書類分為二種。

　　1 關於學術的作品

　　2 關於政治的刊物

三、前條第一項應聘任各專門學者專司編纂，凡關於學述的作品交館後，認為有所發明者，甲等代為印布並酌給酬金，乙等印行後贈與本書若干冊，不另給酬金，此外並酌量編纂各種教科書備各校購用，但須經大學院審定後始可付印。第二項設置編譯員若干人，凡關於政治刊物以及各廳局署統計表冊、工商業月報、教育、交通、水利等年鑑，應會同主管員司調取檔案整理編輯發行。

四、印刷部：應擴充機件，於鉛印、石印外，凡鑄字、
　　製版、繪畫等業務均可承受。

五、編譯部經費每月大約以萬元為率，印刷部、發行部
　　經費除收入外純虧約萬元，二共月支二萬。

六、發行部：應附設極大閱覽室，除本局出版書籍外，凡
　　各大書坊編印各種新舊書籍均應採擇適時者購備。

七、各部為節省經費起見，應擇適宜地點撥給官房以資
　　設置，但發行部應擇交通四達之區建立，並設較大
　　之圖書閱覽室及設可容百人以上之講演場，其舊房
　　之不合式者應加改造。

八、發行部閱覽室購書之費約需萬元以內，印刷部添購
　　機件約三萬以至五萬，此為一次臨時費。

九、本館應設館長一人，編譯、印刷、發行三部主任各
　　一人，分別聘委。其應聘任審定員、編譯員若干員，
　　及應考取校勘、繕印、營業、招待，各員生額定若
　　干，員數應由館長規定，呈由本會核定。

十、本案經本會議決定後應即派員籌備，期以三個月
　　開辦。

（四）外交部特派湖北交涉員甘介侯呈請按月指撥八百
　　　元俾資津貼案（主席提出）

提案理由

據外交部特派湖北交涉員甘介侯呈略稱職署經費向與
天津、上海同列一等，曾於楊特派員任內額定月支洋

五千七百八十元。外交部重訂交涉員分等表仍列為一等，
月支洋五千六百元，惟須減半開支，經隨時撙節，逐月
遞減，最後減至四千二百元，裁去總務、文書兩科及秘
書等職，而一切支配時有捉襟見肘之虞。兩次呈請外交
部照遞減最後四千二百元之預算開支，均未蒙批准，而
上海交涉署之經費均為三千六百元，漢口為通商巨埠，
華洋雜處，交涉之繁固不減於上海。現擬自六月起恢復
文書一科、秘書一員、繙譯數人，約計月需八百元，懇
請俯准按月如數指撥，俾資津貼等情。可否照准如數指
撥之處，請公決。

原函附後

湖北交涉員甘介侯呈請按月如數指撥八百元俾資津貼原呈
呈為職署經費減半，開支不敷，辦公縷陳困難，仰祈鑒核
事。竊查職署經費向與天津、上海同列一等，上年楊特派
員宣誠任內預計算書額定月支，洋五千七百八十元。迨職
蒞任後，外交部重訂交涉員分等表，職署仍列為一等，月
支五千六百元，惟須減半開支。職以漢口交涉之殷繁，若
將經費遽減其半，斷難應付，故不得已仍照五千六百元之
數，隨時撙節，逐月遞減，最後減至四千二百元，而一切
支配時有捉襟見肘之虞。遂將困難情形披瀝具呈復，奉外
交部批示所陳困難各情自屬實在，應俟將來條例修正，徐
圖補救，目下惟有勉為其難，仰仍照減半開支等因，伏
以明令所定，不得不勉為試辦。自本年三月分起即遵照
二千八百元之額開支，遂將原設之總務、文書兩科及秘書

等職一併裁去，僅留交涉一科，並少數科員、書記。數月以來，職雖竭盡心力，幸免隕越，而以經費、職員裁減及半，遇事掣肘，乃復具呈外交部請予恢復職署四千二百元之預算，仍未蒙批准。竊維漢口為通商巨埠，華洋雜處，交涉之繁固不減於上海。今上海交涉署之經費仍為五千六百元，而職署則僅以半數開支，其困難概可想見。即在前北政府時代，職署每月實支經費洋三千四百元，而於交際上尚准年支臨時經費四千元，然現在交涉較前既繁，而其經費反形減少，又無臨時開支，長此以往，隕越堪虞。茲擬自六月份起恢復文書一科、秘書一員、繕譯數人，約計月需洋八百元，庶對內對外得數分配，而辦事亦免棘手。所有職署經費減半，開支不敷辦公各緣由，理合具文呈請鈞會鑒核俯准按月如數指撥，俾資津貼，並乞批示祇遵，實為公便。謹呈武漢政治分會主席李。外交部特派湖北交涉員甘介侯。

（五）江漢關監督甘介侯呈為個人攜帶現銀現洋由漢前往他處擬規定不得過一千元案（主席提出）

提案理由

據江漢關監督甘介侯呈稱前奉鈞令以武漢市面金融緊澀，仰轉飭各關卡嚴切查禁現金出口並妥訂取締辦法呈候核奪等因。查現金一項自係指現銀、現洋而言，此後如有銀行商舖運輸大批現銀、現洋出口，應俟呈奉允准，再行給照放行。至各項鈔票，擬仍舊准予運輸，惟對於

個人攜帶現銀、現洋由漢前往他處，似應規定數目，每人不得過一千元。是否如斯，請核示遵等情。查前聞常有商人運輸現金出口，以致市面金融日益枯竭，曾由會令行該監督遵照轉飭嚴行查禁在案。茲據呈前情，應即提出討論，請公決。

原呈附後

江漢關甘監督為個人攜帶現洋出口擬規定不得過一千元原呈

為呈請核示事。竊查前奉鈞會令開查武漢市面前因中央、中國、交通三行停止兌現，金融緊澀，全恃現金以資週轉。近聞時有商人運輸現金出口，若不嚴行取締，必致市面金融日益枯竭，影響治安甚鉅。為此令仰該監督遵照即便轉飭各關卡嚴切查禁，並迅速妥訂取締辦法呈候核奪，切切。此令等因，奉此經將取締辦法呈復察核在案。茲查現金一項目係指現銀、現洋而言，此後如有銀行商舖運輸大批現銀、現洋出口，應俟呈奉鈞會允准，再由職署給照放行。至各項鈔票運輸出口，於市面無大影響，似應仍舊准予運輸，以資流通。惟對於個人攜帶現銀現洋由漢前往他處者不能不變通辦理，以便行旅，似應規定數目，每人攜帶現銀、現洋不得超過一千元，如逾此數，即不准攜帶出口，庶於便利之中，仍寓限制之意。是否如斯，理合呈請鈞會俯賜查核示遵，實為公便。謹呈中央政治會議武漢分會。江漢關監督甘介侯。

（六）湖北省政府主席張知本呈准武漢衛戍司令部咨以
　　　公安局職員薪薄職苦請援司法教育兩界成例免予
　　　減成支給以示體恤案（主席提出）

提案理由

據湖北省政府主席張知本呈准武漢衛戍司令部咨據武昌
公安局長夏德馨呈稱案奉令飭各級職員，自四月份起一
律遵照，減成發薪撥充北伐軍費等因。自應盡力輸助，
惟是職局人員薪餉微薄，職務清苦，縷陳困苦情形，懇
請援照司法、教育兩界成例免予減成等情。查該局長所
稱各節自屬實情，相應咨請查照辦理等因，叮合准予免
折用示體恤之處，理合呈請鑒核示遵等情。查折成發薪
一案係經前湘鄂臨時政委會遵令議決通令施行，茲既轉
據該公安局長呈稱特別困難情形，應否准予免折，用示
體恤之處，請公決。

原呈附後

湖北省政府張主席轉呈公安局職員薪薄職苦可否免予減
成支給原呈

呈為呈請事。竊准武漢衛戍司令部咨開案據武昌公安局局
長夏德馨呈稱為職員薪水微薄，懇請咨行省政府免予折成
仰祈鑒核事。案奉湘鄂臨時政務委員會第一三六四號令開
案奉國民政府第八一號令開為令遵事，現在大舉北伐期
間，軍需關係緊要，所有軍官佐士兵薪餉業已實行減成支
給，京內外各行政機關自應一律辦理。現今規定自三月份
起凡文職特任官俸給概照五成減支，簡任六成，薦任七

成，委任八成，所減之款悉數撥充北伐軍費，各省應將扣出薪水按月彙解財政部聽候撥用，是為至要。除分令外，合亟令仰遵照辦理並轉飭所屬一體遵照辦理，切切。此令等因。奉此遵經本會第三十一次常會議決自四月份起一律遵照減成發薪，除分令外合行令仰遵照辦理並飭所屬一體遵照為要等因。奉此當此北伐進展之期，財政艱難之際，自應盡力輸助，何敢多瀆，惟是職局薪餉仍係按照前警務處定額支給，均極微薄，如科長、署長均係薦任階級，月薪僅百五十元，署員係委任階級，最高月薪僅五十五元。按照現在國民政府所頒佈之薪俸等級表，相差懸殊，實際無異已折成減發。各職員雖一再以薪金微薄不敷事畜懇請按照規定增加前來，局長深悉政府財政困難，未敢率然據情轉呈，此次若令與其他薪金優厚之機關一律待遇，殊不足以昭平允，此其不能減成者一。再警察為地方機關，因應一切經緯萬端，時時須與人民直接即在在須與各界周旋事務，既屬紛繁，捐廉救助事亦常有，自未可與他項行政機關同年而語者，其不能折成者二。況警察執行職務無地不取，干涉主義即無事不易，啟苞苴之行為，其容易發生弊竇，較司法機關為尤甚，非給以相當俸給，難期弊絕風清。局長逕以庸愚，謬承今職，到差之始，即以勤慎廉潔與各職員相砥礪，半載以來尚均能奮勉從公，潔身自好。雖警政未臻完善，而因循貪污之惡習尚絕少沾染，區區薪水如果再令減少，誠恐不肖之徒因家室之累，啟非分之念，地方轉蒙無形損害，此其不能減成者三。抑有進者，

警察職務不眠不休，晝夜不分，寒暑無間，終朝卒歲，無或休息，較之其他機關辦公有限作息，有時其甘苦勞逸相去不啻天淵。且維護地方尤多艱難危險，如因救護成傷者有之，因拒捕而致命者有之，因事關排解而轉受兇毆者有之，如遵行奉令而反遭奇辱者有之，如一事之失便召譏彈，一物之遺輒遭詬詈。地方偶有警信，鞠躬盡瘁，罔敢顧念室家，境內遇有匪徒，竭慮偵查，靡不疲於奔命安寧秩序，時懷冰深，較之其他機關人員其利害更相懸殊。乃者政府鑒於司法官責任重大，教職員職務清苦，均已免予減成，警察人員所膺職務，其重要艱苦較司法、教育兩界人員為尤甚，自應援例免減，以免向隅，而昭大公，此其不能減成者四。總此四因，局長權衡利害，未敢默然，擬懇鈞座俯鑒僚屬困難，咨行省政府將職局薪水免予折成，以示體恤而維警政等情。據此查該局所陳困難自係實在情形，相應轉咨貴府請煩查照辦理為荷等因。准此查該局長夏德馨所陳種種困苦自屬實情，可否准予免折，用示體恤之處，理合具文呈請鈞會俯賜鑒核令示遵行，實為公便。謹呈中央政治會議武漢分會。湖北省政府主席張知本。

（七）湖北省政府主席張知本呈為據情轉請將各縣鄉密
　　　電報減費案（主席提出）

提案理由

據湖北省政府主席張知本呈據安陸縣縣長蕭覺天呈稱案奉湖北清鄉督辦公署頒發鄉密電本，飭各縣清鄉司令主

任、縣長通用等因。惟電局均照商電密碼加倍收費，殊
乖頒發鄉密便利軍機之本旨。擬請准照一等官電減費，
或由省頒發印電紙以資使用，否則准照明電不再加倍以
利進行等情。是否可行，理合呈請核示等情。查此案前
據該縣長蕭覺天呈請到會，當經令行湖北清鄉督辦署查
酌核辦，去後旋據呈復查清鄉期內官電免費一節，前與
湖北電政管理局函商再三，結果因鄂省電費奇絀，清鄉
電費礙難免費。除關於清鄉司令主任因公用印單發電准
列一等報費暫記外，其餘各縣署暨地方武裝保衛團隊應
一律照章納費，以資維持。以故各縣先後請予免收電費
一層，均經分別駁斥，未便有所歧異等情。應如何辦理
之處，請公決。

原呈後附

湖北省政府張主席據情轉請將鄉密電報減費原呈

呈為據情轉呈仰祈鑒核示遵事。案據安陸縣縣長蕭覺天呈
稱案奉湖北清鄉督辦公署頒發鄉密電本，飭各清鄉司令主
任、縣長通用等因，誠以清鄉期間探報匪情請示機宜，在
在與軍事有關，非其他密電可比。而清鄉機關除司令主任
備有印紙得照一等官電減費外，各縣縣長負有清鄉之重大
專責，既無印電紙可資使用，遇有電報，各電局均照商電
（四等電）收費。每字本省八分，出省一角六分，如用密
碼加倍收費，例如明碼本省每字八分，鄉密則每字須洋一
角六分，是使用鄉密反不如不密之為愈，不獨各縣負擔太
重，亦殊乖頒發鄉密便利軍機之本旨也，且密碼純自譯而

電局加倍收費，情理已不可通。矧在清鄉期間，懲治盜匪
與該局不無裨益，乃不蒙減讓，反不得與普通商電比，
必須加倍收費，寧為事理之平。在當日中央政治會議第
一百二十一次會議議決原案雖有密電加倍之語，不過為維
持電款收入指一般商電而言，對於一等官電尚有不論明密
加急減照四分之一收費之規定（即本省每字二分，出省四
分計算）。茲為便利各縣清鄉起見，關於鄉密電報可否變
通辦理，准照一等官電減費，但須蓋用縣印，且以探報匪
情請示軍機為限，其他各電不得援以為例。抑或由省頒發
印電紙以資使用，否則准照明電不再加倍以利進行之處，
理合備文呈請鈞府提交武漢政治分會議決通令施行等情。
據此查所呈各節是否可行，事關電政收入，職府未便過
問。除批示外，理合據情呈請鈞會鑒核示遵。謹呈中央政
治會議武漢分會。湖北省政府主席張知本。

（八）湖南省教育經費委員會臨時籌備處電請實施教育經費獨立案（主席提出）

提案理由

據湖南省教育經費委員會臨時籌備處皓電呈稱保障教育
經費獨立為本黨政綱所規定，迭經大學院全國教育會議
議決通令劃分的款設處保管，湘中籌備已久，擬即遵令
選舉負責人員，於七月一日實行。敬乞列入施政大綱，
從早實行，並推派羅教鐸面陳等語。應如何辦理之處，
請公決。

原電附後

湖南教育經費委員會臨時籌備處請實施教育經費獨立原電

漢口武漢政治分會李主席各委員鈞鑒。保障教育經費獨立

為本黨政綱所規定，送經大學院全國教育會議議決通令劃

分的款設處保管，湘中籌備已久，擬即遵令選舉負責人

員，於七月一日實行。事關教育生機，敬祈鈞會列入施政

大綱，從早實行。除推派羅教鐸面陳外，謹先電呈湖南省

教育經費委員會臨時籌備處叩。皓。

議決案

日　　期　十七年六月二十六日（星期二）下午一時

地　　點　本會

出席委員　李宗仁　張知本　胡宗鐸　張華輔　劉嶽峙
　　　　　嚴　重

請假委員　白崇禧　陳紹寬　李隆建　魯滌平

列　席　人　湖北教育廳長、武漢大學籌備委員會主任
　　　　　委員劉樹杞

主　　席　李宗仁

秘　書　長　翁敬棠

紀　　錄　李載民　林眾可

主席恭讀總理遺囑，宣告開會。

秘書長報告處理事務並執行第九次常會議決各案經過。

討論議事日程

（一）籌備大學案（延前會）

議決：甲、電復大學院對元電所聘各委員同意，籌備費每
月三千元飭財政委員會照撥，並函知劉主任。

乙、劉主任推荐張健、陸士寅為籌備委員，電徵大
學院意見後再轉知劉主任。

丙、暫以前武昌中山大學第一院為校址，額定每月
經常費五萬元，由八月份起支不另支開辦費，並
令行財政委員會知照。

（二）湖北省政府主席呈為岳總司令以南路軍名義侵入
鄂境任意委任官吏懇請咨行軍事委員會嚴令歸還
政權以便遴員接署案（主席提出）

議決：電軍事委員會嚴令制止勿干涉民政，並電第二集團
軍馮總司令轉令飭遵勿為軌外行動以保軍譽。

（三）提議請設立武漢圖書編印館案（胡委員宗鐸提出）

議決：依據武漢圖書編印館組織大綱設立武漢圖書編印
館，請漢口印刷所所長麥煥章同志先行籌備。

（四）外交部特派湖北交涉員甘介侯呈請按月指撥八百
元俾資津貼案（主席提出）

議決：令財政委員會照撥並指令交涉署。

（五）江漢關監督甘介侯呈為個人攜帶現銀現洋由漢口
前往他處擬規定不得過千元案（主席提出）

議決：令知江漢關監督個人由漢前往上海，因鈔票通行，
如有攜帶現洋、現銀者，至多不得過伍百元。

（六）湖北省政府主席呈准武漢衛戍司令部咨以公安局
　　　職員薪薄職苦請援司法教育兩界成例免予減成支
　　　給以示體恤案（主席提出）

議決：准免予減成支給，令知湖北省政府轉令知照。

（七）湖北省政府主席呈為據情請轉將各縣鄉密電報減
　　　費案（主席提出）

議決：令電政監督轉令各電報局，清鄉期間各縣有用鄉密
　　　電碼依照明碼收費，並令清鄉督辦公署。

（八）湖南省教育經費委員會臨時籌備處電請實施教育
　　　經費獨立案（主席提出）

議決：令湖南省政府轉令該省教育廳酌量辦理。

臨時動議

（一）財政委員會支付預算書案（延前會）

議決：修正通過。

（二）武漢電話局長陳秉仁密呈懇將該局副局長一缺裁
　　　撤並將現任副局長李文焱開差案（主席提案）

議決：指令副局長一缺著即裁撤，現任副局長李文焱開差。

（三）接收前中央日報委員孟壽椿等呈報接收該報機件
　　　情形懇請備案並稱該報社開支各費確係實情如何
　　　處理候示遵案（主席提出）

議決：所欠各費准照付，惟須電達中央黨部。

（四）漢口中山日報社社長麥煥章呈請准予撥給贖回銅
　　　模臨時經費六百五十餘元案（主席提出）

議決：併入第三案辦理。

（五）湖北電政管理局長刁燦桂呈請電部加委以專責成
　　　案（主席提出）

議決：電交通部加委。

第十一次常會

議事日程──十七年七月三日（星期二）

（一）中山日報社麥煥章呈明前漢口正義報館定購印報
　　　轉筒機經過情形請撥付欠尾數提歸應用案（主席
　　　提出）

（二）漢口電報局長白時中為駐漢日本領事署設立短波
　　　無線電機通電電請核辦案（主席提出）

臨時動議

（一）湖北禁煙局局長轟洸為張玉山朱崐山冒充軍官專
　　　賣私土可否准予通緝歸案究辦並將該犯財產分別
　　　查抄請鑒核施行案（主席提出）

（二）湖南人民反日外交後援會為長岳關監督兼特派湖
　　　南交涉員毛鍾才玷辱國體摧殘民運請轉國府撤職
　　　查辦案（主席提出）

提案理由並附件

（一）漢口中山日報社麥煥章呈明前漢口正義報館定購
　　　印報轉筒機經過情形請撥付所欠尾數提歸應用案
　　　（主席提出）

提案理由

據漢口中山日報社麥煥章呈略稱前漢口正義報館向德
商禪臣洋行定購印報轉筒機一副、溶膠機一部、象皮
布八套，共計銀二萬七千二百七十七兩，曾經付定銀

八千七百八十兩。革命軍到漢，正義報館即將此機轉移於國民政府，提單交由民國日報保存，嗣由民國日報經手兩次，共付銀一萬一千九百十四兩三錢，統共付銀二萬零六百九十四兩三錢。現該機器存放堆棧，日費不少，截至十七年五月三十一號止，利息、棧租、兵險、火險以及工程師薪水旅費等項已耗銀五千零五十九兩四錢六分，總計收付兩抵尚欠銀一萬一千六百四十二兩一錢六分。該社迭接禪臣洋行函催結束，如不能在六月三十號（銀行慣例清算之期）以前將該機器尾欠繳清，即行變賣。惟據該行經手人稱此項欠款能先籌繳銀五、六千兩，即可將機提出裝置應用，餘款限期陸續交付。查該機器為用最大，從新購置頗不容易，既已費銀二萬餘兩，應將尾欠籌還收回應用較為利益等情。應如何辦理之處，請公決。

原呈附後

呈為呈明前漢口正義報館購置印報轉筒機經過情形，並懇從速決定可否撥付所欠尾數提歸應用，仰祈鑒核事。竊查前漢口正義報館向德商禪臣洋行定購印報轉筒機一副，合同銀二萬六千三百五十兩外，購溶膠機器一部，銀六百四十二兩，象皮布八套，銀二百八十五兩，共計銀二萬七千二百七十七兩，正義報交付定銀八千七百八十兩。革命軍光復武昌，正義報即將此機移轉於國民政府，提單交由民國日報保存。民國日報經手人首次付銀六千九百九十四兩，二次付銀四千九百二十兩三錢，總

共付銀二萬零六百九十四兩三錢，後又由省政府交洋一
萬元，存放上海銀行作清理該項欠款及安置機器之用。
及至西征軍克復武漢，事即擱置，而上海銀行一萬元之
存款，又被省政府取去作為民國日報開辦之費。現該機
器存放漢口，每日消費為數不少，計利息（週年八厘）
由一九二七年（民國十六年）四月十五號起至一九二八
年（民國十七年）五月三十一號止，共息銀九百二十兩
零二錢五分。又息金自一九二七年十一月二十八號起至
一九二八年五月三十一號止，共息銀二百六十六兩九前一
分。棧租銀一千一百五十五兩（自去年四月起），兵險銀
五百二十四兩零八分，火險銀二百八十二兩二錢。工程師
由申至漢用費銀九十九兩八錢二分，薪水銀五百六十八
兩，又工程師二次由申至漢用費一百零七兩二錢，薪
水銀一千一百三十六兩，總計收付兩抵，尚欠銀一萬
一千六百四十二兩一錢六分，此係結算至本年五月三十一
日為止期也。銀行慣例每年六月為清算之期，屬社前後接
禪臣洋行來函催促從速結束，如在六月三十號以前不將該
項機器欠款繳清，即另行變賣，無法挽回。惟據禪臣洋行
經手人稱此種機器欠款不必一次繳清，先籌銀五、六千兩
即可提機裝置應用，餘款限期陸續交付。查該機器為用最
大，從新購置頗不容易，既已費銀二萬餘兩，似應將尾款
籌交收回較為利益。究竟如何辦理之處，理合將禪臣洋行
來函清單備文呈送鈞會鑒核令遵，實為公便。謹呈中央政
治會議武漢分會主席李。漢口中山日報社麥煥章。

（二）漢口電報局局長白時中為駐漢日本領事署設立短
　　　波無線電機通電電請核辦案（主席提出）

提案理由

據漢口電報局局長白時中代電略稱查駐漢日本領事署內新
設短波無線電機一座，業經通電，此事關係主權影響營業
甚大，呈請核辦等情。應如何辦理之處，請公決。

原電附後

漢口武漢政治分會鈞鑒。查駐漢日本領事署內新設立短波
無線電機一座，業經通電。此事關係主權影響營業甚大，
除電呈交通部電政總局外，謹電呈報。應如何辦理之處，
伏乞鈞會核辦。漢口電報局局長白時中呈。川。

臨時動議

（一）湖北禁煙局局長聶沈為張玉山朱崐山冒充軍官專
　　　販私土可否准予通緝歸案究辦並將該犯財產分別
　　　查抄請鑒核施行案（主席提出）

原呈附後

呈為呈請事。案據密報有張玉山曾經冒充軍隊副官，朱崐
山現在仍充兵艦廚役，往來渝、宜、滬、漢一帶，勾結奸
商，攬運大批私土，獲利甚巨，近以無人告發，竟肆無忌
憚，日益加甚。似此情形，若不設法取締，則稅收整理難
期等語。據此查職局邇來稅收較前驟減，雖因特稅加重，
有礙推行，然實以偷漏過多，銷場轉滯。日前湘和、其平
兩案迭經職局破獲，曾經先後呈明在卷，乃本案要犯均未

能依法窮治，以致私運之風愈熾。茲該張玉山、朱崐山兩犯竟冒充軍官，不惟代該奸商包運，近復專販大批私土，實屬不法已極。現均擁資巨萬，或往來渝、宜，或逍遙海上，職等早有所聞，若不嚴加懲處，恐相續效尤者日多，軍餉更受影響。除飭密查隨時偵緝外，可否仰懇鈞會准通緝嚴拿歸案究辦，並將該犯財產分別查抄，以示儆處之處，理合備文轉呈鑒核伏候施行。謹呈武漢政治分會。計開張玉山，四川人，年約四十歲，綽號猴胞，前自稱張副官。朱崐山，宜昌人，年約三十餘歲。湖北禁煙局局長聶洸副局長夏理孚。

（二）湖南人民反日外交後援會為長岳關監督兼特派湖南交涉員毛鍾才玷辱國體摧殘民眾請轉國府撤職查辦案（主席提出）

原呈附後

呈為玷辱國體摧殘民運應請撤職查辦事。竊現任長岳關監督兼特派湖南交涉員毛鍾才不諳外交，有辱國體，以日領口頭一電，不惜牽動全局。一則呈請政府嚴令制止屬會活動，再則妄造蜚語謠稱日艦將派隊登陸，致湖南全市民眾頓起恐慌，社會秩序幾形紊亂。屬會比於第二日召集第八次全體委員大會，以事關國體與全會名譽，一再電請該員出席答覆，該員猶妄自尊，託病推辭，派金科長壯春代表到會。屬會即將以上情節質問，金層層為毛辯護，其受該員囑託可知。尤異者，對於濟南慘案，

金直為日領表白謂該案發生惹事者在中國兵士，至於日本出兵天津係根據辛丑條約，並非特殊舉動。此等荒謬絕倫之言論，甚非現今外交官吏所可出口，其玷辱國體，莫此為甚。至於該員前向政府呈稱屬會勒令日領事府工人罷工一件，已由該員來函證明係接准日領電話，並無其他證據。究之日領是否曾將此案向該員交涉，該員一則曰據日商口頭報告，再則曰接准日領電話，此等捕風捉影之言，斷難憑信。即日領曾將此案向該員交涉，該員亦不應遽向政府請求嚴令制止屬會活動，其居心摧殘民連已可想見。值此外交緊迫之際，以此無經驗、無識別之毛鍾才擔任湖南外交，不但有辱國體，而且貽誤內政。除呈請省黨務指導委員會轉咨湖南省政府停止該員職權外，懇請鈞會俯順輿情，即日呈請國民政府速將該員撤職查辦，以肅官箴，而重職責，深為公便。謹呈武漢政治分會主席李。湖南人民反日外交後援會柳厚民。

議決案

日　　期　十七年七月三日（星期二）下午一時

地　　點　本會

出席委員　張知本　胡宗鐸　嚴　重　張華輔

請假委員　白崇禧　陳紹寬　李隆建　魯滌平　劉嶽峙

主　　席　李宗仁因事赴北平，臨時公推張知本代主席

秘書長　翁敬棠

紀　　錄　李載民

主席恭讀總理遺囑，宣告開會。

秘書長報告處理事務並執行第十次常會議決各案經過。

討論議事日程

（一）漢口中山日報社麥煥章呈明前漢口正義報館定購
　　　印報轉筒機經過情形請撥付尾欠提歸應用案（主
　　　席提出）

議決：（甲）准先撥繳欠銀六千兩，贖回機件提交圖書編
　　　印館應用。

　　　（乙）令財政委員會查照撥付。

　　　（丙）令漢口中山日報社麥煥章調取前正義報館與
　　　禪臣洋行所訂原約，送交財委會審核。

（二）漢口電報局長白時中為駐漢日本領事署設立短波
　　　無線電機通電電請核辦案（主席提出）

議決：令湖北交涉署查覆核辦〔（未公佈）〕。

臨時動議

（一）湖北禁煙局長聶洸為張玉山朱崐山冒充軍官專賣
　　　私土可否准予通緝歸案究辦並將該犯財產分別查
　　　抄請鑒核施行案（主席提出）

議決：請胡委員宗鐸查辦〔（未公佈）〕。

（二）湖南人民反日外交後援會為長岳關監督兼特派湖
　　　南交涉員毛鍾才玷辱國體摧殘民運請轉國府撤職
　　　查辦案（主席提出）

議決：令湖南省政府查復核辦。

（三）擬請加派汪奠基同志為武漢圖書編印館籌備員案
　　　（胡委員宗鐸提出）

議決：通過。

比較重要文件報告

武漢政治分會秘書處逐日處理公文書情形，除尋常事件已列入本會逐日辦事情形表外，茲將處理比較重要文書經過分類列舉報告如左：

甲、關於財政者計七件

一、湖南省政府主席魯滌平感電擬電飭國稅仍解湘庫以應急需由

送財政委員會。

二、武漢總商會呈為組織清理債權事務所祈准予備案由

送財政委員會。

三、宋子文箇電電復捲煙庫券已押賣無餘並請派代表參加財政會議由

送財政委員會。

四、湖北禁煙局局長聶洸呈為縷陳二十軍在宜昌分局迫提稅款抵撥情形請予備案並懇飭前任從速具報以資結束由

送財政委員會。

五、湖北禁煙局局長聶洸呈據各局會呈控印花局檢查特業憑證違法苛徵懇飭該局停辦乞示遵由

送財政委員會。

六、湖南省政府主席魯滌平沁電懇飭財委會速定災賑特
稅附加辦法一面提前發款以資急賑由

送財政委員會。

七、財政部有電電復鄂省印花三十萬元已照數製備希轉
知備具工本來領由

交財委會。

乙、關於建設者計一件

一、武漢電話局局長陳秉仁呈為機料缺乏懇准擇要購置
以維話務檢同合約乞示遵由

交財委會。

丙、關於雜類者計六件

一、楊增新銑電通電奉行三民主義並改織新疆省政府由

覆電嘉許。

二、中央政治會議宥電電達議決北京臨時政分會改名政
治會議北平臨時分會並任李煜瀛等為委員由

存查。

三、國民政府秘書處感電電達中央最近政情由

轉兩省政府。

四、國民政府秘書處豔電電達中央最近政情由

轉兩省政府。

五、國民政府秘書處宥電電達國府議決直隸省改名河北
省北京改名北平並任命河北省政府及北平天津特別市
市長由

存查。

六、全國財政會議秘書處寢電來京有期請先電知以便招
待由

提出報告。

第十二次常會

議事日程——十七年七月六日（星期五）

（一）湖北省政府主席呈准四十三軍軍長電請轉飭各縣
　　　縣長及地方法團協同該軍所派委員清查各該縣借
　　　墊錢米數目應否轉飭請示遵案（主席提出）

（二）武漢電話局管轄案（主席提出）

（三）擬由本會通啟請各方人士來漢襄助文化事業案
　　　（主席提出）

（四）湖南省政府主席魯滌平為定期舉行行政官吏臨時
　　　考試電請派員監試案（主席提出）

提案理由並附件

（一）湖北省政府主席呈准四十三軍軍長電請轉飭各縣
　　　縣長及地方法團協同該軍部所部派委員清查各該
　　　縣借墊錢米數目應否轉飭請示遵案（主席提出）

提案理由

據湖北省政府主席呈略稱准四十三軍李軍長電陳敝軍駐
防鄂西年餘，因月需經費政府不能按時核發，故向各縣
民眾借墊錢米。本年二月起，奉政府明令規定敝軍經費
月支二十二萬五千元，所欠雖多，然對於地方已不再事
籌借，但前此借墊之數亟應清還，以資結束。現飭敝部
經理處按月分別清理彙報，並派員飭赴各縣，會同各縣
長及地方法團逐一清查，以昭覈實，請轉飭各縣知照等

因。准此查該軍駐防鄂西日久，所借數目必鉅，恐各縣未能擔負清查重任，可否轉飭各縣協同辦理，請鑒核示遵等情。應如何辦理之處，請公決。

原呈附後

呈為呈請事。案准第四十三軍李軍長青電內開敝軍自去歲駐防鄂西至今年餘，前以月需經費政府不能按時核發，即間有撥給，為數極少，飢軍數萬，維繫無術。幸得各縣民眾體念敝軍處境艱難，由各地方自動的零星籌備借供軍食，稍減枵腹之虞。而前次奉命端征，得以勉效馳驅，圖報黨國，實民眾維護之力也。但當時各地方無論備借錢米若干，均計有數，聲明俟政府經費領得，即如數歸還。計至本年二月起，始奉政府明令規定敝軍經費月支二十二萬五千元，每月雖欠數尚多，然有此希望，即未向地方再事籌借。但前此借墊之數，亟應清還，以資結束。現飭敝軍經理處按月分別清理彙報，並派員馳赴各縣，會同各縣長及地方法團逐一清查，以昭覈實。應請轉飭各縣知照，俟敝部委員到時協同清查，俾得早日結束，至紉公誼等因。准此查來電所陳派員清查鄂西各縣借墊錢米數目一節自係正當辦法，惟該軍駐防鄂西日久，所借數目必鉅，恐各縣未能擔負清查重任。究竟應否轉飭各縣協同辦理之處，理合呈請鈞會鑒核示遵。謹呈中央政治會議武漢分會。湖北省政府主席張知本。

（二）武漢電話局管轄案（主席提出）

提案理由

查武漢電話局管轄一案，前經本會第九次常會議決電復交通部仍由市政辦理，茲復准該部王部長豔電稱武漢電話局完全由部設置，歷來歸部直轄，鄂省府稱原係地方管理，自政府遷寧始劃歸中央全非事實。民七中日電話借款，該局為擔保品抵押之一，若改歸省辦，恐債主責難即來，有失國際信用。請主持公道，即行撤銷收回原案等由。應如何辦理之處，請公決。

原電附後

漢口武漢政治分會李主席勛鑒。元電計達，典籤頃奉宥電，敬悉一切。查武漢電話局完全由部設置，歷來歸部直轄，鄂省政所稱原係地方管理，自政府遷寧始劃歸中央各節全非事實，案牘具在，不難稽考。建國方略關於交通事業之發展注意於國家之經營，蓋交通行政貴在統一，而酌盈劑虛尤有通盤籌畫之必要。且民七中日借款該局為抵押品擔保之一，借款用途指定為辦理滬漢長途電話，若改歸省辦，恐債主責難即來，殊失國際信用。務請力予主持，即行撤銷收回原案，實紉公誼。專此先覆，佇候明教。交通部長王伯羣叩。豔印。

（三）擬由本會通啟請各方人士來漢襄助文化事業案
　　　（主席提出）

提案理由

武漢為全國中心，交通便利，冠蓋攸萃。自經共黨擾亂以後，物力凋殘，文化事業殆將墜地以盡。際此軍事敉平，建設伊始，導揚文化，研究學術，誠為當務之急。本會第十次常會議決設立武漢圖書編印館，茲擬由本會通啟，凡服膺黨義積學先覺之士，不分畛域，竭誠羅致，以襄盛舉，而揚國光。當否，請公決。

通啟稿附後

武漢居全國之中，輪軌棣通，冠蓋攸萃，五十年來，聲明文物，蔚為南北之望。鼎革以後，迭遭兵禍，民生疲敝，物力凋殘，凡昔人所締造經營之文化事業，殆將墜地以盡，興言及此，曷勝慨歎。比者軍事方終，建設伊始，武漢以首義之邦，握全國之重，允宜追尋前矩，發揚光大，樹之風聲，昭茲來許。本會同人，負重行遠，未逮所志，若涉淵水，時罔津涯。值茲統一大業將次完成，凡屬才俊之士，但使服膺黨義，原可共策事功。況文化事業，公諸天下，立賢無方，惟善為寶，更安有畛域之可言。本會第十次常務會議曾經議決設立武漢圖書編印館，將以研究學術，導揚文化。海內積學，先覺之彥，倘肯出其緒餘，來相啟迪，凡我民眾，無任歡迎。至湘鄂地方，自古稱為多才，兩省人士，苟能各以所學致力桑梓，訓迪後生，尤武漢民眾所深為希望者也。總之文化事業乃全國公共之事

業，而亦國家經久之事業，所望名流碩彥，惠然顧我，示之周行，率以陳力用造成莊嚴璀璨之都市，作東方文化之中心。豈惟武漢之光，抑乃全國之慶，兼葭秋水，勞想伊人，蒲輪安車，佇候明教。謹啟。

（四）湖南省政府主席魯滌平為定期舉行行政官吏臨時考試電請派員監試案（主席提出）

提案理由

據湖南省政府主席魯滌平電略稱湘省為刷新政治起見，經議決舉行行政官吏臨時考試並制定條例呈報在案，現考試委員會業已成立，所有事項均已籌備就緒，定七月十日舉行考試，電請先期派員監察等情。事關考取行政人才，應否派員監試，請公決。

原呈附後

國急。限即到。漢口武漢政治分會主席李鈞鑒。湘省為刷新政治，急謀用人，公開起見，經議決舉行行政官吏臨時考試，並制定條例呈報鈞會備案在案。現湖南行政官吏臨時考試委員會業經成立，關於考試應行籌備事項均已籌備就緒，定期七月友日舉行考試。惟考試要政屬府自應鄭重將事，理合電懇鈞會先期派員來湘實地監察，以重試典。佇候示遵。湖南省政府主席魯滌平叩。江印。

議決案

日　　期　十七年七月六日（星期五）下午一時

地　　點　本會
出席委員　張知本　胡宗鐸　嚴　重　張華輔
請假委員　白崇禧　陳紹寬　李隆建　魯滌平　劉嶽峙
主　　席　李宗仁因事赴北平，臨時公推張知本代主席
秘　書　長　翁敬棠
紀　　錄　李載民

主席恭讀總理遺囑，宣告開會。
秘書長報告處理事務並執行第十一次常會議決各案經過。

討論議事日程

（一）湖北省政府主席呈准四十三軍軍長電請轉飭各縣
　　　長及地方法團協同該軍部所派委員清查各該縣借
　　　墊錢米數目應否轉飭請示遵案（主席提出）
議決：令湖北省政府派員前往，會同該軍部所派委員切
　　　實清查。
（二）武漢電話局管轄案（主席提出）
議決：根據第九次常會議決，並重申理由電復交部，一
　　　面令行湖北省政府再行查明呈復。
（三）擬由本會通啟請各方人士來漢襄助文化事業案
　　　（主席提出）
議決：由本會通啟，分登各埠各報館公佈，並通電及印送
　　　各省各學術機關。

（四）湖南省政府主席魯滌平為定期舉行行政官吏臨時
　　　考試電請派員監試案（主席提出）

議決：電派劉委員嶽峙就近監試並請將考試情形電知，並
　　　電復湖南省政府。

比較重要文件報告

武漢政治分會秘書處逐日處理公文書情形，除尋常事件
已列入本會逐日辦事情形表外，茲將處理比較重要文件
經過分類列舉報告如左：

甲、關於財政者計六件

　一、財政委員會呈送劃分湘省國省兩稅辦法決議案請鑒
　核由

　　存查。

　二、財政委員會呈為武陵關先有常德辰州武陵等名今更正
　以後文件只稱湖南武陵關據情轉呈備案由

　　存查。

　三、交通部豔電據招商局電呈江新輪帶私鹽一案請轉省政
　府分飭局關迅速解決放行由

　　送財委會。

　四、湖北交涉員甘介侯呈為薪餉減成支給曾自四月起造表
　報解茲奉部令飭補填三月份減薪表追扣似覺困難請示遵由

　　送財委會。

　五、江漢關監督甘介侯呈同前由

　　送財委員。

六、財政部宋部長電海軍協餉已列入此次財政會議由

轉電海軍楊總司令陳司令查照。

乙、關於外交者計二件

一、宜昌關監督兼交涉員李翊東敬電詢沙市交涉事宜

究由兼任抑另派專員乞示遵由

電外交部查案辦理。

二、武漢衛戍司令胡宗鐸為韓人請釋日人告發共黨嫌

疑崔圓等一案請電詢外部先將崔圓等處置部份迅予解

決示遵由

指令並電外交部。

丙、關於司法者計一件

一、第四集團軍總司令部函為據漢口義品銀行呈稱抵品

無著血本被累函請查辦由

令夏口法院及湖北交涉署查復，並函復總司令部。

丁、關於實業者計一件

一、湖南省政府主席魯滌平呈為遵令呈報該省停辦官

有工廠現狀列表祈鑒核由

令湘省政府及建設廳迅將停辦工廠設法開工。

戊、關於雜件者計二件

一、財政委員會呈送該會會議規則請鑒核備案由

指令准備案。

二、湖南省政府委員會送呈該會第十三次常會紀錄由

存查。

第十三次常會

議事日程──十七年七月十三日（星期五）

（一）通令兩湖全省提倡清潔運動案（主席提出）

（二）擬通令地方官轉飭各該地方商會嗣後關於人民生活必需品如有價格驟漲應即報告以資調節不得居奇高抬俾惠貧民案（主席提出）

（三）交通部召集全國交通會議請派員列席案（主席提出）

（四）大學院蔡元培電擬改派王星拱為武昌大學籌備員電徵意見案（主席提出）

臨時動議

（一）漢口特別市黨務指導委員會常務委員陶鈞等為前正義報館與禪臣洋行訂購印報轉筒機付款已逾兩萬若聽其依約變賣殊為可惜現期限迫切請撥款贖回案（主席提出）

提案理由並附件

（一）通令兩湖全省提倡清潔運動案（主席提出）

提案理由

清潔衛生小之關係個人健康，大之關係民族強弱。邇者都市地方雖有清潔運動，而各縣鄉鎮輒覺寂然，殊有偏重都會忽視市鄉之弊。茲擬由本會通令兩湖省政府轉令各縣廣為提倡，俾引起一般民眾注意清潔。其辦法（一）

先由各縣城提倡，推及於巨鎮再及於各鄉（二）縣城地
方責由縣長，鄉鎮地方責由鄉董切實舉行（三）清潔運
動之後應實行清潔方法，且應使永久繼續，勿俾中輟。
其如何督率指導，不至陽奉陰違，如何剴切宣傳，以期
家諭戶曉，應由各該省政府厘定辦法通令舉行，蔚成清
潔之風，共享健康之福。是否有當，請公決。

（二）擬通令兩湖地方官轉飭各該地方商會嗣後關於人
　　　民生活必需品如有價格驟漲應即報告以資調節不
　　　得居奇高抬俾惠貧民案（主席提出）

提案理由

查人民生活必需品如米煤之屬皆一日不可或缺，而商人
純以營利為目的，往往於供求不能相應之際屯積射利，
或因錢幣關係高抬物價，預為彌補之地。既漲之後永不
復落，窮民因生活所需，又不能不強為購買，痛苦之情，
實難言喻。此次全國財政會議全體會員通電有民生日用
必需之品如米麵等類完全免稅，可見舉國人士已殷殷注
意及此。商人豈可藉人民需要之殷而轉為牟利之舉，茲
擬通令兩湖各地方官轉知各該地商會，凡屬此類物品市
場價值如有急遽變化，應報告地方官量為調節，各商家
勿得居奇高抬，以示嘉惠貧民之意。是否有當，請公決。

（三）交通部召集全國交通會議案（主席提出）

提案理由

案准國民政府交通部部長王伯羣歌電略稱訂本年八月十日在京召集全國交通會議，該會議規程第二條第二款規定各政治分會應派代表一人列席。查交通事業關係國家建設大計，該會議規程既有此項規定，本會即應派代表屆時前往列席。請公決。

原電錄後

南京國民政府、軍事委員會、北平蔣總司令、馮總司令、閻總司令、李總司令、上海楊總司令、南京內政部、外交部、財政部、工商部、農礦部、大學院、審計院、建設委員會、法制局、各政治分會、各省省政府、各特別市市政府、上海、漢口、天津、北平銀行公會、各省總商會均鑒。本部成立逾年，值交通事業殘破之餘，軍務倥傯之際，力圖維持，不遑理董。乃者幽燕底定，南北統一，軍事結束，建設方始。交通為一國之血脈，自非及時整頓，急起革新，則凡百設施，均無從說起。但揆之最近交通狀況，現成事業破壞殆盡，未成事業需要尤切，整理與發展必須同時並進，而尤必內外相維並力合作，方克有濟。用是通盤籌畫，擬具革新方案，釐分綱目，有現成事業應即整頓者，有急需事業即須籌辦者，有未來事業亟待設計者，經緯洪纖，既難冥行以索填，後先緩急，尤須詢謀之僉同。爰訂於本年八月十日，在京召集全國交通會議，詳定辦法，冀其實施，務希委派代表列席會議加以指導，錫之宏謨，非特交

通事業確定進行途徑，即全國建設亦得倚此為初步。特附
陳會議規程如下：全國交通會議規程第一條，國民政府交
通部為謀交通行政之統一交通事業之發展，革新制度廓清
積弊，整理債務實施方案，召集全國交通會議。第二條，
本會議以左列各員組織之，一、軍事委員會代表一人，
二、各總司令代表各一人，三、各政治分會代表各一人，
四、各省省政府代表一人，五、交通部部長、次長、秘書
長、參謀處長、司長、技監，六、交通部直轄各機關長官
或某代表，七、內政部、外交部、財政部、司法部、工商
部、農礦部、建設委員會、大學院、審計院、法制局各派
代表一人，銀行公會、全國總商會各派代表二人。第三條，
交通部選聘專家若干人如左，一、富有交通學術經驗者，
二、關係交通事業者。第四條，本會議以交通部部長為主
席，次長為副主席。第五條，本會會議場設在首都本部所
在地。第六條，本會議期定為八月十日至二十日，遇必要
時得由交通部長酌量延長之。第七條，本會議所討論之範
圍以交通部交議之案及各會員提出之議案為限。第八條，
本會議開會須有報到人數過半之出席。第九條，本會議議
案由出席會員多數表決之可否，同數時取決於主席。第十
條，各會員如有提案，須於開會前五日送交本會議秘書
處，以便編列議事日程。會員有臨時提案，須經會員十人
以上之連署，用書面送交主席酌量編列議事日程。第十一
條，各議案須付審查者，由主席就會員指定若干人組織審
查委員會審查之。第十二條，本會議議決事項由交通部分

別採擇施行。第十三條，本會議設職員若干人組織秘書處
分掌各種事務，其章程另定之。第十四條，本規程由交通
部呈請國民政府公布之。統希鑒察，王伯羣叩。歌印。

（四）大學院蔡元培電擬改派王星拱為武昌大學籌備員
　　　電徵意見案（主席提出）

提案理由

准大學院院長蔡元培支電略稱武漢大學籌備員王世杰辭
職，擬改派王星拱接充，諒荷贊同，敬希見復等語。查
籌備大學職務重要，既准蔡院長電徵同意，應如何電復
之處，候公決。

原電附後

武漢政治分會李主席鑒。武漢大學籌備員王世杰辭職，
現擬改派王星拱，諒荷贊同，敬希見復。大學院蔡元
培。支印。

臨時動議

漢口特別市黨務指導委員會常務委員陶鈞等為前正義報
館與禪臣洋行訂購印報轉筒機付款已逾兩萬若聽其依約
變賣殊為可惜現期限迫切請撥款贖回案（主席提出）

原函附後

逕啟者。案據本會宣傳部長涂允檀呈稱呈為呈報職館與禪
臣洋行為輪轉印報機交涉情形，仰乞鑒核示遵事。竊允檀
奉鈞會決議會合湖北省黨務指導委員會接辦民國日報，前

任移交卷內有與德商禪臣洋行訂購德國哥寧巴合廠最新式雙捲筒輪轉印報機及附帶機件一案卷宗。查閱該卷內容緣民國十五年八月禪臣洋行代正義報館訂購德國哥寧巴合廠最新式雙捲筒輪轉印報機及其附帶機件，立有詳細合同及說明書存卷，約於翌年一、二月內由禪臣洋行負責將此機由德國裝船，三個月間達到漢口正義報館裝置開始印刷，議定價銀二萬六千三百五十兩，分三期交付，簽合同時付三分之一作為定銀，貨到漢後付三分之一，其餘之款則俟出報後三十天內付清。正義報館已於簽合同時付定銀八千七百八十兩，十六年春該報館總經理馬宙伯將此項合同及收條移轉本館，同時對禪臣洋行聲明以後該合同上所載條件及欠款均歸湖北民國日報繼續履行。同年夏禪臣洋行將該機器運到漢口，七月九日本館曾付銀六千九百九十四兩，十一月二十八日又付銀四千九百二十兩三錢，前後共計付銀二萬零六百九十四兩三錢，比照原定價額衹應欠銀五千六百五十五兩，以付款遲延所生費用，如利息、棧租、保險費、工程師工資及旅費等項，該行援據合同責令賠償，歷任館長懸未解決。本月二十七日准該行函稱匯豐銀行催告此事限於六月三十日以前前往結束，否則將該機器變賣云云，職館接信，一面函請該行負責向匯豐銀行聲明不得將該機器變賣，一面派員前往交涉。據稱該行由德國哥寧八合廠購置此機器係匯豐銀行作保，除正義報館所付定銀外，其餘之款均係匯豐銀行墊付，故該機提單迄今仍存匯豐銀行。運到漢口以後，因我

方應付之款未如期如數付清，不能提貨，歷時愈久，利息、棧租、保險等費愈增，連鎔膠機、棍輪布兩項結算，至今年五月底止欠銀一萬一千六百四十餘兩云云。當懇其與匯豐銀行切實交涉不得變賣，茲據復稱須於三星期內付息，否則不可挽回。查所開賬單不無可議之處，因前任移交文卷不全，調查確據尚須時日，故不能即付解決。復查原訂合同有付款逾期許其變賣或出脫之規定，是該行所稱變賣辦法亦不無根據。按原訂合同及證明書，此項印報機與上海申報館所用機器無異，每小時可出報二萬八千張，以現時武漢印報數量而論，該機足供武漢各報之用，省時節力，誠為利器。依上所述已付之款數逾兩萬，所其變賣，殊為可惜，期限迫切，應如何救濟，事關特別開支，未便自專。除搜集證據隨時與之交涉外，理合將辦理經過情形備文呈請鑒核示遵，以免貽誤等情。據此業經本會提出第八次常會議決分函武漢政治分會及湖北省政府籌撥的款，以便收回在案。除分函外，相應函達貴會請煩查照辦理為荷。此致武漢政治分會主席李。常務委員陶鈞（麥煥章代）、涂允檀、林逸聖。

議決案

日　　期　十七年七月十三日（星期五）下午一時
地　　點　本會
出席委員　張知本　胡宗鐸　嚴　重　張華輔
請假委員　白崇禧　陳紹寬　李隆建　魯滌平　劉嶽峙

主　　席　李宗仁因事赴北平，臨時公推張知本代主席
秘 書 長　翁敬棠
紀　　錄　李載民

主席恭讀總理遺囑，宣告開會。
秘書長報告處理事務並執行第十二次常會議決各案經過。

討論議事日程

（一）通令兩湖全省提倡清潔運動案（主席提出）
議決：令行兩湖省政府轉令各縣提倡施行。
（二）擬通令地方官轉〔飭〕各該地方商會嗣後關於人
　　　民生活必需物品如有價格驟漲應即報告以資調節
　　　不得居奇抬高俾惠貧民案（主席提出）
議決：令行兩湖省政府轉令各商會對於人民生活必需品
　　　毋得居奇漲價。
（三）交通部召集全國交通會議請派員列席案（主席提出）
議決：准備提案，屆時派員列席。
（四）大學院蔡元培電擬改派王星拱為武漢〔昌〕大學
　　　籌備員電徵意見案（主席提出）
議決：復電表示贊同。

臨時動議

（一）漢口特別市黨務指導委員會常務委員陶鈞等為前
　　　正義報館與〔為〕禪臣洋行訂購印報轉筒機付款

　　已逾兩萬若聽其依約變賣殊為可惜現期限迫切請
　　撥款贖回案（主席提出）

議決：查照前案，仍由圖書編印館從速辦理，並函復漢
　　　口特別市黨務指導委員會，民國日報亦可送由該
　　　館印刷。

比較重要文件報告

武漢政治分會秘書處逐日處理事務情形，除尋常事件已
列入本會逐日辦事情形表外，茲將比較重要事務處理經
過分類列舉報告如左：

甲、關於財政者計十四件

　一、湖北省政府呈為湖南建設廳提撥長岳口內地稅局
　　附徵湖北堤費請令飭遵照原案辦理乞示遵由
　　令湖南省政府查照。

　二、湖南省政府主席文電懇飭特務員尅日來湘規劃整
　　理中央稅收由
　　交財政委員會。

　三、荊沙關監督何家駒呈報所屬柳正分關被匪焚燒情
　　形轉懇給卹並乞飭軍駐柳以資防剿而重關稅由
　　交財委會。

　四、應城縣膏鹽商會代表王錫光等稟懇撤銷壟斷壓迫之
　　石膏專賣局恢復峒商自由運售俾峒礦發展便民裕稅由
　　交財委會。

五、湖南建設廳長劉召圃佳電請飭粵漢鐵路局及鄂省各關局凡第一紗廠採購原料准查驗運照免費放行候示覆由

交財委會。

六、湖南省政府主席魯滌平呈為據陶鉅榮等呈稱改良藥膏專賣以除流弊請核示遵由

交財委會。

七、財政部公函為本會對於特別運照所運北伐軍食鹽請勿指運鄂岸一案經分別咨請軍委會及總司令部查照辦理函覆查照由

交財委會。

八、鄂案淮鹽公所呈請禁示青鹽行銷鄂境以裕稅收而維商業由

交財委會。

九、鄂案運商同發祥等代電為寶善公司購買日人青鹽闖越海關請嚴辦由

交財委會。

十、鄂案淮鹽公所呈為非法私鹽自行敗露懇予嚴斥以肅鹺政由

交財委會。

十一、鄂岸淮鹽公所呈為寶善公司裝載私鹽僅予充公難昭儆懲請嚴辦承運人並扣留運私船隻以肅鹽政而儆效尤由

交財委會。

十二、財政部長宋子文函據湖北禁煙局呈燈吃捐及特
商牌照兩捐依修正禁煙條例應歸湖北禁煙局徵收至馬
路工程費可由附收市政捐項下撥付請飭遵照由

交財委會。

十三、鸚鵡洲湖南竹木總會代電為竹木稅重懇提議將
新堤口內地稅及堤工捐一併撤銷以卹商艱由

交財委會。

十四、湖南鹽務緝私局長楊紀武呈為請飭湘岸権運局
長彭兆璜將關於緝私部份剋日移交以重緝務由

交財委會。

乙、關於建設者計二件

一、湖北電政管理局長刁燦桂呈覆在清鄉期間各縣鄉
密電報減費一案應遵照通飭辦理由

轉行湖北省政府。

二、交通部長王伯羣咨為武昌電話局失慎被焚由新大
美信孚兩公司照賠保險費一案經託律師謝惠源在上海
美國駐華法院訴追咨覆查照由

令武漢電話局查照。

丙、關於民政者計一件

一、武昌第一紗廠工人代表稟為工廠停頓生計斷絕懇
令飭從速開工由

據情轉令湖北省政府查照本會前議決案，轉飭建設廳轉令
該廠董事會從速設法開工。

丁、關於交通者計一件

一、招商漢口局局長汪浩呈為派江靖輪暫駛長沙祈轉飭湘鄂沿途駐軍保護以利交通由

函第四集團軍總司令部。

戊、關於軍事者計一件

一、軍事委員會支電為本會江電制止岳軍干涉民政一案已轉電總司令部核辦由

轉令湖北省政府。

己、關於外交者一件

一、外交部長王正廷虞電為韓人李枝善案經由部飭甘交涉員分別轉行辦理希飭接洽酌辦由

轉行衛戍司令部。

庚、關於雜件者計七件

一、內政部函送國恥地圖及青年救國之道請刊印廣為分佈由

翻印宣傳並先函覆。

二、國民政府秘書處魚電電達中央最近政情由

存。

三、國民政府秘書處陽電電告國府公佈本國與各國舊已廢約新約未訂前適用之臨時辦法由

將該辦法各條印刷分送兩湖各機關。

四、外交部長王正廷魚電為沙市交涉員事宜由宜昌交涉員李翊東兼理由

轉令宜昌交涉員知照。

五、湖北省政府呈為湖北陸軍測量局編製各縣分圖實地
調整請通令遵辦一案經通令各縣遵辦呈覆鑒鑒核由

指令據呈已悉。

六、武漢衞戌司令呈覆同豐里房屋糾葛雙方情詞各執
莫衷一是乞鑒核主持以息糾紛由

令湖北省政府轉飭逆產審查委員會審查核辦呈覆。

七、本會五月份收支清冊暨六月份經常支出計算書
表由

交財委會審核並抄存。

第十四次常會

議事日程──十十年十月十十日（星期二）

（一）湖南鐵路協會委員文斐等建議提撥庚款一部完成
　　　粵漢鐵路中段並陳提款理由及完成後之利益以備
　　　採擇案（主席提出）

（二）第四集團軍總司令部為據該部航空處長擬定籌辦民
　　　用航空具體計劃請交本會公決施行案（主席提出）

臨時動議

（一）漢口錢業公會呈為湖北官錢局局產收歸省有官票
　　　仍應維持請發行公債照原價收回官票以昭大信而
　　　恤商艱案（主席提出）

（二）湖南省政府主席魯滌平為擬留湘部隊之月需全數
　　　出自國稅以百萬元為度徵求各高級將領同意案
　　　（主席提出）

（三）江漢關監督甘介侯為曾森昌信局由沙市輪船代寄
　　　沙市各商民匯款全數被江漢關員司提去雙方爭執
　　　如何辦理請示遵案（主席提出）

提案理由並附件

（一）湖南鐵路協會委員文斐等建議提撥庚款一部完成
　　　粵漢鐵路中段並陳提款理由及完成後之利益以備
　　　採擇案（主席提出）

提案理由

據湖南鐵路協會委員文斐等呈稱，粵漢鐵路關係全國
文化、政治、經濟、軍事、外交，至為重要，全線共
長一千零八十七公里，已成者合湘鄂粵三省兩段共計
六百四十二公里，中間未成者四百四十五公里，應需工
料洋六千五百餘萬元。此款可按照本黨建國大綱，凡私
人財力所不能辦之建設事業應由國家經營之原則，由政
府就各國退還庚子賠款項下提撥一部，即可及時興工。
並列舉提庚款築路理由四端，完成粵漢鐵路後利益五種，
均言之成理。查本會第三次常會白委員崇禧有完成粵漢
鐵路之提議，曾經議決三種辦法（一）本會召集湖南、
湖北兩省政府及總商會代表討論一切。（二）電廣州政
治分會將完成粵漢鐵路計劃隨時通知聯絡進行。（三）
各種辦法決定後即設籌備處，並請國民政府交通部派員
參加。曾函徵廣州政治分會意見，據覆亦正在積極籌議
此事，而交通部前亦有速成粵漢鐵路之議，是完成粵漢
鐵路為今日切要之圖，該協會委員等所呈各節不為無見。
特提出討論，應如何採擇之處，敬候公決。

摘錄原呈附後

（甲）提撥庚款之四理由

一、查各國退還庚子賠款，以美國為最先。民國八年，
伍廷芳、王文典等向和平會請願時，美國總統威爾遜雖
主張自由無條件退還，但云須審查用途，如辦理教育或
辦理慈善生產事業等均可挪用。英、日兩國主張大體與

美國相同，是庚款並不專限於興學一途，是其明證。

二、查民國十二年五月全國商會聯合會提議請求將友邦退還庚子賠款一部分利用兵工速築國道，收容裁兵，消彌匪患，經贊成通過在案。自此以後全國商會聯合會在漢滬各處迭次開會，仍繼續主張以庚款修築國道並速成粵漢鐵路各在案。如全國教育聯合會議案不能變更，則全國商會聯合會議案亦何能變更。鐵路本生產事業，福國便民，收效最大，全國教育會聯合會議決以庚款專為教育基金，未免僅顧及一部分利益而忘卻其他部分利益。

三、查教育係消費事業，鐵路係生產事業。庚款若純用之於消費事業，則一揮即盡。無能為繼。若能以一部分用於生產事業，則鐵路收成之後，所得餘利仍可作為教育經費，如此生息，其利無窮。

四、查兵工政策總理首先提倡，現在北伐成功，急須實現，以期消納冗兵，從事生產，最近鈞會亦甚注意及此，今若以庚款一部用為修路，化兵為工，計無逾此，若純用為教育基金，未免有菀枯不勻之弊。其於以上數點，各國退還庚款應以一部用為修路殆無疑義，茲再將完成粵漢鐵路最大利益之各點分別陳述如下。

（乙）粵漢鐵路完成後之五大利益

一、關於軍事者：北伐成功，國內軍閥雖然消滅，然國外帝國主義尚日肆披猖，故國防最為重要。以兩廣邊防言，則英國帝國主義乘隙思動已非一日，如粵漢全線告成，一旦軍事發生，動員敏捷，不失機宜。

二、關於政治者：粵處嶺嶠，中央政令每有鞭長莫及之憂，郵電往返，動多隔膜，因之政治運用，難期敏活。如粵漢鐵路告成，南北往返不過數日，既祛形格勢禁之煩，亦收指臂相使之效。

三、關於外交者：英國帝國主義在遠東之根據地實以香港為中堅。上年沙基慘案，橫肆屠殺兩粵人民，舉行堅苦卓絕之經濟絕交，僅能使香港商場稍受荒涼之挫折。粵漢鐵路告成，由南洋群島以達於中國中部、北部之貿易，可不必經香港以繞道上海再轉內地。由廣州登路直捷達於內地，航海利權無形收回，香港形勢自必轉變。

四、關於文化者：粵省語言向與內地各省迴殊，交談便須翻譯，如交通利便，則語音便可因之交換而漸臻統一。文化因交換而可期均衡，民族精神益趨團結。

五、關於經濟者：粵省貨物轉輸內地向恃海運，須時既久，轉運亦艱，若由路線直通，可以及收海運利權。且粵省既所仰西貢之米與日本之煤亦可由內地源源接濟，不至有饑饉與缺乏之虞，而粵省所產之鹽亦可轉運內地救濟鹽荒，郴、耒一帶煤、鐵等礦均可開採，其他利益更僕難數。

（二）第四集團軍司令部為據該部航空處處長擬定籌辦
　　　民用航空具體計劃請交本會公決施行以利交通案
　　　（主席提出）

提案理由

准第四集團軍總司令部函稱該部航空處處長擬具創辦粵
漢、漢平、滬漢三線民用航空詳細計劃，請交武漢政治
分會公決施行等情。准此事關拓展交通發揚文化，應如
何辦理之處，請公決。

摘錄籌辦民用航空具體計劃

一、航空線之定名
　　一、由武昌至廣州往返飛行，定名為粵漢航空線。
　　二、由武昌至北平往返飛行，定名為漢平航空線。
　　三、由武昌至上海往返飛行，定名為滬漢航空線。

二、辦理步驟
　　一、試辦：先從粵漢航空線開始試辦，以觀其成效。
　　二、擴辦：俟粵漢航空線著有成效後，繼續辦理漢平、
　　滬漢兩線。

三、粵漢航空線
　　一、起止地點：由武昌至廣州。
　　二、設站地點：武昌、長沙、衡州、韶州、廣州。
　　三、測計距離所需時間：全長約一千六百七十華里，
　　飛機速度每小時行三百華里，空中計需六小時，沿
　　站停留計需一小時，共計需七小時。

四、漢平航空線

　　一、起止地點：由武昌至北平。

　　二、設站地點：武昌、信陽、鄭州、石家莊、保定、
北平。

　　三、測計距離與所需時間：全長約兩千華里，空中
計需七小時，沿站停留計需一小時，共計需八小時。

五、滬漢航空線

　　一、起止地點：由武昌至上海。

　　二、設站地點：武昌、九江、安慶、南京、上海。

　　三、測計距離與所需時間：全長約千六百五十華里，
空中計需五小時三十五分，沿站停留計需一小時左
右，共計需七時小時。

六、籌款方法

　　一、政府代籌

　　二、民□集股

七、粵漢航空線營業概算

　　一、籌款總額十五萬元：支購用飛機十萬元，建築
機棚七所、機站五處、辦事處二處，共三萬元，開
始營業預備金二萬元。

　　二、籌款至五萬元以上即定購飛機三架及發動機等，
約三月可運到。

　　三、職工薪資：武昌、廣州兩辦事處主任及辦公人員
月薪暫定五百元，共一千元；飛機師三名，共九百元；
技士一名二百元；一等機械員三名，共三百元；二

等機械員六名，共三百六十元；站長五名，共五百元；站員五名，共三百元；工人十名，共三百元，總計三千八百六十元。

四、辦公費：各辦事處月共支四百元，五站月共支四百元，總計八百元。

五、油料費：漢每次飛行約需六小時，耗電油二十罐，每月往返約飛十六次，共需電油三百二十罐，每罐約大洋五元，共計一千六百元。機油、洋油等費共需三百元，修機材料等費共需五百元，總計二千四百元。總共以上職工薪資、公費、油費、材料等共需洋七千零六十元。

六、營業收入：每次售客票二張，共計四百元，信件及貴重物品收入約四百，每月飛行十六次，約共收入一萬二千八百元。除開支外，每月盈餘約五千七百四十元。

七、購買機器設購機委員會，營業時設經理委員會，同時設監察委員會以監督之。以上各委員會之組織，凡投資者皆有與選及被選之權。

臨時動議

（一）漢口錢業公會為湖北官錢局局產收歸省有官票仍應維持請發行省公債照原價收回官票以昭大信而恤商艱案（主席提出）

原呈附後

呈為局產收歸省有官票仍應維持，懇請發行省公債，照原

價收回官票，以昭大信而恤商艱事。竊查湖北官錢局發行官票九千餘萬串，原以該局產業抵保票本，繼因辦理未善遂致信用全失，然以該局全部財產核計，尚屬有盈無絀。邇聞湖北省政府已將官錢局產業收歸省有，並有籌設省銀行發行銅幣兌換券之議，本會深知省政府關懷民隱，兼顧統籌，必不致置官票於不理。惟是該局發行官票既如是之多，又何一不屬小民之脂膏血汁，掉換整理湖北金融公債之定案，既經中途廢止，於前局產管轄機關，又復繼續轉移，於後流言易起，疑懼滋深，況舊票未理，則新券不易發行，事理如斯，勢所必至。擬請頒發明令指定省收入專款保息，仍以局產保本發行省公債，照原有票面將官票儘數收回，則商民所受官票之隱痛得以解除，對於以後發行兌換券之信用自必不生過慮，民生國計兩得其益。所有呈請發行省公債收回官票各緣由，是否有當，理合具文呈請鑒核施行，實為公便。除分呈財政委員會、湖北省政府、湖北財政廳外，謹呈武漢政治分會。漢口錢業公會。

（二）湖南省政府主席魯滌平電為擬留湘部隊之月需全數
　　　出自國稅以百萬元為度徵求各高級將領同意案（主
　　　席提出）

原電附後

國急。漢口政治分會主席李鈞鑒。漢密。西征軍事久告結束，而留湘部隊尚有四軍，數獨立師之眾。以瀕經浩劫之湘人，原不能勝此供應，幸經鈞座體察，將國稅、省稅略

予劃分，然國稅前月收不上一百萬元，省稅月收不過三、四十萬元，就令切實整理，仍不敷軍政費之支給。昨經屬府常會酌議留湘部隊之月費需全數出自國稅，但以不超過一百萬元為度，擬邀約各高級將領徵求同意，想黨軍以解除民眾痛苦為職志，維桑與梓，關心尤甚，對此當無不樂於贊成也。如何支配，尚希統籌，知關廑注，謹電奉聞。湖南省政府主席魯滌平叩。文印。

（三）江漢關監督廿介侯為曾森昌信局由沙市輪船代寄沙市各商民匯款全數被江漢關員司提去雙方爭執如何辦理請示遵案（主席提出）

原呈附後

為呈請核示事。竊准漢口總商會函開據湖南字號幫蓋章介紹曾森昌老信局略稱竊小店開設漢鎮百有餘年，向以代寄信件款項為業務辦理，以來一遵舊例。乃日昨因受本外埠商店之請代寄銀洋合計二萬零七百元，交由沙市輪船寄住沙市裕成美同裕茂昌森長發祥等店，此純係一種代寄性質，小店不過略收寄費，為數極微，已深竭蹶。乃昨業付輪後，忽有江漢關員司因查抄貨物，見而欲提，小店與之一再聲明，毫不置理，竟被全數提去，跟至海關，亦僅給予海關提貨收條。商民無知，誠不知所犯何罪，若謂集中政策，早經明令取消，而沙市為鄂省區域範圍，內地流通亦非出口可比，就令有所限制，亦應將章明白宣佈，俾眾週知，則血本所關，誰敢故犯，今限制未明，新章不布，

遵循無自，何殊不教。而誅查稅關原為保護交通，小店亦
交通之一，自應受其保護，以利行商。況在此革命成功之
時，人人有享自由平等之利益，今者既非違禁物品，又非
明知故犯，無辜被扣，心實未甘。且此次小店受託者計本
外各埠共有數十家，不為贍養之資，即是貨價之款，孤寡
待以續命，來往賴以全交。倘一旦被提，因而處罰，則生
命惟財產是賴，而財產即生命所關，是不第驅民於水深火
熱也。小店資本有限，虧累難勝，惟有仰天呼救，一視力
之所及，率數十人性命生死已之耳。今特詳陳始末，敬乞
貴會賞情作主，極力轉請江漢關監督原情照數發還，以恤
商艱而甦民命，不勝迫切，待命之至等情。據此查該信局
被提銀洋二萬零七百元，據稱係代本外各埠商店寄往沙市
分交裕成美等之款，或為貨價，或備養贍之用，純係代寄
性質，與裝運出口者情形不同。所請轉懇貴監督准予照數
發還以恤商艱之處，出自逾格維持，相應據情函達貴監督，
即請查核迅賜施行見復為盼等由。並據曾森昌老信局以前
情具稟到署，又據民人沈世安、陳文煥、夏懷山、李洪發
等稟稱緣民等均係小貿營業，昨於陰曆五月二十二日搭沙
市輪船到沙市鎮，各將命本各辦各貨，同搭該船，各求生
機。因沈士安在該輪包火食，帶洋錢三百元，乃買米菜之
資；一陳文煥係新隄人，由漢搭輪到沙市郝穴鎮，帶洋錢
四百元，辦西瓜之用；一夏懷山係黃岡人，搭船到沙市，
帶洋三百九十四元，內用一元，備買豆子之款；一李洪發
係漢陽人，帶洋錢三百元，在漢出售榨菜之費，搭輪到沙

依辦原貨，均係小貿命本，各係一包，存託該輪火食房沈世安錢櫃內。昨晚該輪開行之時，被貴關巡士查拿，實惶恐莫及，命本相連，各有家口嗷嗷，疊累萬狀，不揣冒昧，用是叩懇監督大人台前恩鑒作主賞准給領，則全家感戴仁德。上呈等情正核辦間，接准職關稅務司覃書函開茲查本月九日沙市輪船行將開駛宜昌時，經本關稽查員在該輪客艙查獲現洋二箱，又在水手查間獲現洋一箱，兩共約計洋二萬二千零九十四元。按照六月八日及七月六日由貴監督先後函咨，如有現金出口，非得本署特許，不准裝運，凡攜帶現銀、現洋者，至多不得過五百元等語。此次查獲前項私運出口之現洋，自應立予充公，並應提賞二成以資獎勵，相應函達查照為荷等由前來。究應如何辦理之處，理合呈請鈞會俯賜查核示遵，實為公便。謹呈中央政治會議武漢分會。江漢關監督甘介侯（總務科長莊秉權代）。

議決案

日　　期　十七年七月十七日（星期二）下午一時
地　　點　本會
出席委員　張知本　胡宗鐸　嚴　重　張華輔
請假委員　白崇禧　陳紹寬　李隆建　魯滌平　劉嶽峙
列 席 者　財政委員會委員白志鵾
主　　席　李宗仁因事赴北平，臨時公推張知本代主席
秘 書 長　翁敬棠
紀　　錄　李載民

主席恭讀總理遺囑，宣告開會。

白委員志鵑報告此次出席全國財政會議經過情形。

秘書長報告處理事務並執行第十三次常會議決各案經過。

討論議事日程

（一）湖南鐵路協會委員文斐等建議提撥庚款一部完成
　　　粵漢鐵路中段並陳提款理由及完成後之利益以備
　　　採擇案（主席提出）

議決：（甲）函國民政府交通部審酌辦理。

　　　（乙）俟全國交通會議時備案提出。

　　　（丙）將前項辦法指令該會知照。

（二）第四集團軍總司令部為據該部航空處長擬定籌辦民
　　　用航空具體計劃請交本會公決施行案（主席提出）

議決：函復第四集團軍總司令部轉令航空處長妥為籌劃，
　　　以期早日實現。

臨時動議

（一）漢口錢業公會呈為湖北官錢局局產收歸省有官票
　　　仍應請發行公債照原價收回官票以昭大信而恤商
　　　艱案（主席提出）

議決：令行湖北省政府核辦。

（二）湖南省政府主席魯滌平為擬留湘部隊之月需全數
　　　出自國稅以百萬元為度徵求各高級將領同意案
　　　（主席提出）

議決：令交財政委員會核擬具復察奪。

（三）江漢關監督甘介侯為曾森昌信局由沙市輪船代寄
　　　沙市各商民匯款全數被江漢關員司提去雙方爭執
　　　如何辦理請示遵案（主席提出）

議決：根據第十次議決案，除由漢赴滬申鈔可以通行，個
　　　人攜帶現金不得過五百元外，其係運往湖北省境
　　　內者，應准放行。令仰江漢關查照前案發還。

比較重要文件報告

武漢政治分會秘書處逐日處理公文書情形，除尋常事件
已列入本會逐日辦事情形表外，茲將處理比較重要文書
經過分類列舉報告如左：

甲、關於教育者計二件

　一、湖北教育廳長劉樹杞函對大學院改派王星拱接充
　武漢大學籌備委員極表贊同由
　存查。

　二、湖北教育廳長劉樹杞函為定本月十六日開湖北全
　省教育行政會議屆時請派員出席會議以昭鄭重由
　函覆派員前往與會。

乙、關於軍政者計四件

　一、張學良東電為述致蔣馮閻各總司令稱該部已由灤
　河撤退表示愛鄉愛國貫澈和平決無妨害統一之意由
　存查。

　二、湖南省政府主席魯滌平建設廳長劉召圊呈陳明長

沙軍械局結束情形懇轉飭經理分處迅予發給該局職工
薪餉以資遣散由

函第四集團軍總司令部轉令經理分處。

三、國民政府秘書處真電達國府青日佈告通令各軍停
止招募新兵並仰轉飭所屬遵照裁兵如有陽奉陰違即執
法以繩由

存查。

四、軍事委員會參謀處真電為本會電請嚴令制止岳軍
干涉湖北民政一案覆電謂已由總司令部轉馮總司令轉
飭制止由

令知湖北省政府。

丙、關於外交者計一件

一、外交部特派湖北交涉員甘介侯呈為日領署內設短
波無線電機一案經派員查詢據日副領事稱無事只添設
應用電線並發電機一座偶於街燈停時可自燃燈以備不
虞等語除仍隨時密查外先行呈覆鑒核由

轉電報管理局並指令。

丁、關於財政者計一件

一、湖南省政府主席魯滌平元電為湖南煙酒事務局長
本會所委李家由與財政部所派劉文煒互爭接任擬以李
為正劉為副請核示由

交財委會。

戊、關於建設者計四件

一、武漢電話局長陳秉仁呈報武昌電話分局前局長柳世

裕息借武昌商會債款一案辦理結束情形乞鑒核備案由

交財委會審核，並先指令知照。

二、財政委員會委員張知本等呈遵令審核武昌電話分局

息借武昌商會債務一案情形應否准予備案呈覆鑒核由

指令該會局准予備案。

三、漢平鐵路管理局長黃士謙副局長蕭仁源呈奉令將

該局京漢名稱改漢平名稱呈報備案由

轉令兩省政府並財委會。

四、湖北省政府主席張知本呈為湖北建設廳呈擬設兩

湖廣播無線電台一案茲據建設廳覆稱建設經費不敷俟

集有的款再妥定辦法請核辦等情呈覆鑒核由

指令仍仰極力設法籌辦。

己、關於雜類者計二件

　　一、湖南省政府政務委員會送到該會第十四次常會及

第十五次常會紀錄由

存查。

二、京師（北平）總商會孫學仕等陽電提議舉行全國

瞻謁總理靈櫬典禮並鑠金鑄像永式典型又願贊助政府

裁雜色軍隊實行移兵農工盼示覆由

覆電贊同。

第十五次常會

議事日程──十七年七月二十日（星期五）

（一）武漢圖書編印館請撥籌備經費及辦公處案（主席
提出）

（二）湖南省政府主席魯滌平呈為據株萍鐵路局長呈陳
各種困難情形轉請核辦令遵案（主席提出）

（三）湖北省黨指導委員會常務委員孫鉄人等為法捕無
理拘毆省二中學校師生及搗毀樂器請轉飭湖北交
涉員嚴重交涉以伸國權案（主席提出）

（四）擬訂限制攜帶現金出口辦法案（主席提出）

提案理由並附件

（一）武漢圖書編印館請撥籌備經費及辦公處案（主
席提出）

提案理由

據武漢圖書編印館籌備員麥煥章等呈稱略謂籌備定期三
月，轉瞬即屆，請指撥籌備經費，准予先行設立籌備處，
其地址或指定公產，或選擇租賃，均應即時規定，並擬具
組織綱要草案呈請示遵。應如何分別令遵之處，請公決。
摘錄原呈及組織綱要草案附後

（前略）竊查首創事業，初期工作勢必稍較紛繁，如能設
籌備處，則進行一致，自無分岐之慮。故在籌備時期，一
切重要計劃除煥章、奠基共同負責辦理外，擬由煥章擔任

印刷部籌備專員，奠基擔任編輯部籌備專員，並另設幹事三人、助理一二人，分別擔任文書、交際、庶務事宜。至籌備經費，請先撥定的款，俾隨時領取，以作籌辦各項設備之用（中略）。又籌備處地址究由鈞會指定，抑由煥章等自由選擇適當地點租賃房屋，俾得著手籌備，以便開始辦公，尚乞批示祇遵（下略）。

武漢圖書編印館編譯部學術作品組及政治刊物組組織綱要草案

第一章　總則

本部依照武漢圖書編印館組織大綱第 ·二條之規定先告成立，並著于籌備學術作品與政治刊物二組，每組應劃分若干區組分別工作，以專責成而收實效。

第二章　學術作品組分四區組，其內容如下：

第一項　專門學科

分自然科學、社會科學、政治、經濟、科學、哲學、教育學、軍事學等類科學著述。

第二項　普通實用學科

分實用物理學、化學、實用機械學、實用電學、生理衛生學、政治學概要、社會學概要、經濟學概要、實用歷史地理學、內外科醫術等類實用科學著作。

第三項　中學教科叢書

按中學各級學程需要，根據最近科學發現的原理順序編譯各項教木，以作實施統一思想的三民主義教育之標準。

第四項　科學常識小叢書

關於各項實用科學的短篇精確論文。

以上四區組工作支配規定如下：

第一節　每組聘專任編譯員一人至二人，住館編譯各項圖書。

第二節　每組聘自由編譯員若干人（無論省內外或國內外），自由負責編譯各種圖書並限期交稿。

第三節　聘請專家若干人擔任撰述簡要論題（以一萬字至三萬字為限）。

第四節　搜集外間各種著述，經審查後認為有特別發明或重大價值者，除付印外並酌送酬資（如不願收受稿金者，得贈送該書若干冊）。

第三章　政治刊物組應分三區組，其內容如下：

第一項　政治學科

關於政治、外交、社會、經濟、統計、交通、水利、教育、法律、法制、工商等類之編纂。

第二項　政治類編

關於各廳局署行政表冊、年鑑、調查檔案等類之編纂。

第三項　政治講演及國民革命軍戰爭史

以上三區組各聘專員一人住館主持外，餘均函請主管機關重要人員負責編製，如工作繁重者得酌給酬資。

第四章　關於第二、三章各區組主要人員，除分別工作外，應組織編譯審查委員會共同負責審定各項編譯稿件，交由館長付印。至關於教科叢書者，則由審查委員會呈交館長，轉由大學院審定付印。

第五章　本部專任編譯員皆須聘請國內名儒宿學及確有專門學問者充任，其薪金則與國立各大學教授薪金相當。

（二）湖南省政府主席魯滌平等為據株萍鐵路局長呈陳各種困難情形轉請核辦令遵案（主席提出）

提案理由

案查前據湖南省政府主席魯滌平真電為株萍鐵路局長呈請撥款救濟一案，經屬會公決轉請武漢政治分會准予照撥，藉維路政等情，當經電復已令交財政委員會查核辦理。茲復據呈稱該路初因共匪滋擾，繼則洪水為災，橋樑衝倒，商運停頓，收入迭次減少。修建工料及清發薪餉，籌款甚難，若向交部請款或他方挪移，尤屬不易，理合呈請察核令遵等情到會。事關國家實業地方交通，應如何辦理之處，請公決。

原電原呈附後

漢口武漢政治分會李主席鈞鑒。株萍鐵路局局長劉競西呈請撥款救濟一案，經屬會於魚日第四次常會公決轉請武漢政治分會撥款救濟等因在卷。查株萍路為粵漢路支線，頻年忙於軍運，未遑養路，腐敗不堪，茲值軍事告終，亟應修治，以維路政。惟該路收入無多，難擔鉅款，理合呈請鈞會准予撥款救濟，藉維路政而利交通。湖南省政府委員會主席魯滌平叩。真印。

呈為據情轉呈事。案據株萍鐵路管理局局長劉競西呈稱竊職路凋敝情形及困難狀況，業經迭電呈報鈞府在案。

最近萍安一帶時有共黨潛入煽惑工人，值茲節關伊邇，
員工薪餉若再無法點綴，誠恐發生意外，影響安寧。查
職局自湘東橋被洪水衝倒後，各處商煤運約停頓，收入
無幾，籌湊慕難。而交部請款則有鞭長莫及之虞，他方
移挪又有緩不濟急之勢，時期迫促，情勢嚴重。擬懇鈞
座俯念職路關係地方交通人民實業，准予借給洋一萬元，
俾度難關而資維繫，不勝迫切，待命之至。復據緘稱敬
肅者，竊職猥以輕才，謬膺路政，奉職無狀，咎戾滋深。
計自接任以來於茲半載，初則共匪滋擾，奔命已疲，繼
則山水為災，打擊尤重。收入迭次減少，支出日益繁多，
非購料興修則不能通車，待工竣車通，而元氣已盡，以
至積欠薪餉至三個月之多，而營業發展目前猶無希望。
內外交困，上下懷疑，剖白無端，洗刷何自，善後之道
惟有一面呈請鈞府暨交部將職以前各項開支賬目切實清
查，如有用途不當及浮濫情弊，自應甘受譴責以謝員工。
一面請交部暨湘、贛兩政府設法修復橋樑，增進營業，
以期此種偉大實業不致根抵破壞，人民之利亦兩省之福
也。再日昨報告，計邀鈞覽，端節在邇，極屬難關，務
懇鈞座俯賜設法照撥，俾維現狀各等情。此查前據該局
長呈請撥款救濟一案，經於屬省政府委員會第四次常會
公決轉請鈞會撥款救濟，並分別電呈指令各在卷。茲據
稱困難情形，自屬實在，除指令外，理合具文呈請鈞會
察核辦理，伏候令遵。謹呈中央政治會議武漢分會主席
李。湖南省政府主席魯滌平、建設廳長劉召圖。

（三）湖北省黨務指導委員會常務委員孫鉄人等為法捕
　　　無理拘毆省二中校師生及搗毀樂器請轉飭湖北交
　　　涉員嚴重交涉以伸國權案（主席提出）

提案理由

據湖北省黨務指導委員會常務委員孫鉄人等咨呈略稱據
湖北省立第二中學校校長涂海澄呈稱本月十日屬校奉教
育廳令歡迎李、戴兩委員，散會返校道經特二區五十一
號，法捕竟阻止通行，並硬將教員干國康、學生余憲高
等六人一併拘入捕房，拳足交加，極端侮辱，樂器亦被
搗毀多件，復派數十法捕荷槍實彈，禁止返校。經師生
全體請其拘禁，教員謝善之與其詰難，乃將教員、學生
釋放。請求轉呈嚴重抗議（一）懲辦五十一號法捕（二）
令法領正式道歉賠償損失（三）令法領保證以後不發生
此類行為，此外並請力主收回法租界等情，經本會常會
議決咨呈鈞會轉飭湖北交涉員嚴重交涉等情。據此事關
國權，應如何辦理之處，請公決。

原呈附後

為咨呈事。案據湖北省立第二中學校校長涂海澄呈稱法
人無故制止通行，拘毆師生，有辱國體，呈請轉咨嚴重
交涉，以伸國權，收回法租界以弭後患事。竊查本月十
日屬校奉教育廳令歡迎李任潮、戴季陶兩委員，下午五
時散會返校，道經特二區青年會門首。甫抵法租界，法
捕五十一號騎腳踏車阻止通行，惟時率領教員向之交

涉，法捕不許，請改道繞友益街返校，亦不許。硬將教員王國康拘去，沿途加以侮辱，學生不服，五十一號法捕復鳴笛召集多數法捕，並將學生余憲高、倪曙升、謝緯榕、謝先培、左世旺、鄒庭芳等六人一併拘入捕房，拳足交加，絕無人理，西樂樂器亦被搗毀，損失機件多種。英話教員謝善之以學生歡迎返校，法租界為必經之路，學生手無武器，未干何種禁例與捕頭交涉。久之捕房猶復出數十法捕荷槍實彈，禁止學生不許返校。時有漢口交涉署人員道經其地，痛法捕橫蠻，通電交涉署竟未得達，時已下午七時餘矣。嗣後師生全體請其拘禁，教員謝善之用英語與法人相詰難，法人自知理曲，乃命釋放教員學生，交還搗毀樂器一部份。當時交涉署已悉其事，致電詢問，屬校校長亦曾親往該署報告，此當日肇事之情形也。竊念屬校居近法租界，法租界為出入必由之路，屢次整隊赴會，法捕必加無理之干涉。屬校尊重國府外交政策，屢行退讓，此次竟讓無可讓，避亦不免，此應請鈞會轉呈嚴重抗議懲辦五十一號法捕者一也。今學生過境，手無武器，僅攜西樂赴歡迎會，竟不問理由逕行拘捕教員學生，搗毀樂器。此非奉有法領之命決不敢出此，此應請鈞會轉呈嚴重抗議令法領正式道歉賠償損失者二也。至若屬校處不平等條約之環境，教員、學生不能絕出入之路，而武漢地居全國中心，革命柱石蒞臨武漢，屬校即未奉廳令，亦應歡迎。茲奉廳令歡迎者，法捕竟敢若此，是不獨侮辱屬校師生，亦且藐

視我黨國，此尤應請鈞會轉呈嚴重抗議令法領保證以後不發生此類之行為者三也。抑更有進者，鈞會努力黨國一本總理遺教，屬校師生一切行動極重中央令旨。此次事變若非屬校師生十分讓步，則將又演慘案，重玷黨國，此則尊重總理遺囑廢除不平等條約，應請鈞會藉此力主收回法租界而弭後患者也。所有法捕無理拘毆屬校師生及搗毀樂器各詳情，理合備文呈請鈞會鑒核，懇予據請轉咨嚴重抗議，令法領正式道歉，懲辦法捕五十一號賠償樂器，並保證以後屬校出入之安寧，並轉呈中央請根本收回法租界以伸國權而慰喁望，實為黨便等情。據此經本會第十次常會議決咨呈鈞會轉飭湖北交涉員嚴重交涉以伸國權等語，相應錄案咨呈鈞會，即請轉飭湖北交涉員嚴重交涉以權。此咨武漢政治分會伸國。湖北省黨務指導委員會常務委員孫鐵人、張難先、石瑛。

（四）擬訂限制攜帶現金出口辦法案（主席提出）

提案理由

案查前據江漢關監督甘介侯呈請個人攜帶現洋由漢前往他處擬規定不得過一千元，曾經第十次常會議決個人由漢前往上海因鈔票通行，如有攜帶現洋者至多不得過五百元。第十四次常會又因曾森昌信局由沙市輪船代寄沙市各商民匯款銀洋二萬零七百元被江漢關員司提去，雙方爭執請示辦法。經議決根據第十次議決案辦理，除由漢赴滬申鈔可以通行，個人攜帶現金不得過五百元外，

其係運往湖北省境內，應准放行，令江漢關發還。茲為鞏固金融、維持市面起見，擬訂限制攜帶現金出口辦法三條，通令施行以資標準，是否有當，敬請公決。

擬定辦法如下：

一、私人由武漢攜帶現金往下游各埠者，無論是否湖北境內，均不得超過五百元。違者立予扣留，聽候處辦。

一、攜帶現金往上游各埠者概無限制。

一、機關團體代表前往下游各埠，因公有攜帶五百元以上現金之必要時，應先呈經本會核准或報由江漢關監督轉呈本會核准後，方得放行。

議決案

日　　期　十七年七月二十日（星期五）下午一時
地　　點　本會
出席委員　張知本　胡宗鐸　嚴　重　張華輔
請假委員　白崇禧　陳紹寬　李隆建　魯滌平　劉嶽峙
主　　席　李宗仁因事赴北平，臨時公推張知本代主席
秘書長　翁敬棠
紀　　錄　李載民

主席恭讀總理遺囑，宣告開會。
秘書長報告處理事務並執行第十四次常會議決各案經過。

討論議事日程

（一）武漢圖書編印館請撥籌備經費及辦公處案（主席
　　　提出）

議決：延會函知籌備委員麥煥章等於下次開會時列席說
　　　明情形，酌奪辦理。

（二）湖南省政府主席魯滌平等為據株萍鐵路局長呈陳
　　　各種困難情形轉請核辦令遵案（主席提出）

議決：該路腐敗情形應謀根本整頓，即電湖南魯主席查
　　　明具覆核辦。

（三）湖北省黨務指導委員會常務委員孫鐵人等為法捕
　　　無理拘毆省二中校師生及搗毀樂器請轉飭湖北交
　　　涉員嚴重交涉以伸國權案（主席提出）

議決：令湖北交涉公署查明辦理。

（四）擬再明白訂定限制現金出口辦法以免歧誤案（主
　　　席提出）

議決：按原擬辦法三條修正通過，令江漢關監督公署遵
　　　照辦理。

　　　修正辦法如左：

　　　一、私人由武漢攜帶現金往下游各埠，無論是否
　　　湖北境內，均不得超過五百元。違者立予扣留，
　　　聽候處辦。

　　　二、攜帶現金往上游各埠者概無限制。

　　　三、各機關因公派員前往（湖北境內）下游各埠，
　　　有攜帶五百元以上現金之必要時，應先呈經本會核

准或報由江漢關監督轉呈本會核准後，方得放行。

比較重要文件報告

武漢政治分會秘書處逐日處理公文書情形，除尋常事件已列入本會逐日辦事情形表外，茲將處理比較重要文書經過分類列舉報告如左：

甲、關於財政者計九件

一、漢口總商會呈為據情轉請咨財部查照批令取銷精鹽加收特稅辦法並一面通令各關署知照以便運銷由

送財委會。

二、湖南省金庫冊報該庫七月六日收交國稅數目由

存查。

三、湘鄂鐵路管理局局長方達智呈請據情轉請飭財政當局轉令武羊貨捐局免加茶稅以恤商艱而維路政並乞令遵由

送財委會。

四、財政部宋部長元電定於七月十五日在該部成立裁釐委員會議由

送財委會。

五、第四集團軍總司令部函為國府電達佈告所有十六年十二月三十一日以前全國舊欠田賦實欠在民者一律豁免著內財兩部各省政府切實執行布告週知勿得隱匿侵冒函知查照由

令兩湖省政府並財委會。

六、湖南省政府財政廳長劉嶽峙呈為奉命兼湘財政廳
長遵於七月五日涖廳視事呈報鑒核由

指令據呈已悉。

七、漢口中山日報麥社長呈為遵令抄送正義報館與禪
臣洋行訂購印報捲筒機約據請核交財委會審核發給贖
回銀兩搬運裝置各費容估計價目再請核發由

函財委會並中山日報社。

八、全國財政會議全體會員電為期除盡厘金積弊至遲
不得過十月一日開辦優良新稅望贊助由

送財委會。

九、財政部長宋子文真電為報告召集全國財政會議既
已竣事議決十七年度施行大綱由

送財委會。

乙、關於軍政者計五件

一、湖北清鄉胡督辦呈報六月份核准處決共匪各案人
犯共二百九十一名請備查由

存查。

二、閻錫山庚電將所收編京津各項部隊已交還蔣總司
令收管特錄往來支魚兩電奉聞由

存。

三、軍事委員會參謀處真電為本會電請制止岳軍干涉湖
北民政一案復電稱已由蔣總司令電馮總司令轉飭制止由

令知鄂政府。

四、湖北財政廳長張難先呈為據情呈請轉飭三十五軍

交通處駱處長迅將葉祖蔭所有之漢文輪船早日歸還交
由該廳管業以重債權而恤商艱由

函第四集團軍總司令部。

五、第四集團軍總司令部函為寶豐織造公司請禁止駐
軍以維廠址一案業據武漢衛戍司令部呈復已印繕禁條
交給該廠張貼請查照並希轉飭該公司知照由

轉令該公司經理知照。

丙、關於建設者計三件

一、張美之巷業主代表李瑞堂呈為折屋修路收用宜均
泣陳痛苦懇鑒情核辦以全民生由

令武漢市政委員會核辦並批示知照。

二、武漢市政計劃委員會常務委員周星棠等呈報結束
情形及呈繳關防請駐銷由

指令准銷。

三、湘鄂鐵路管理局長方達智為局卡稽徵貨稅延誤行
車時間懇通令湘鄂兩省轉飭沿途局卡遵照路章毋得強
行入站以維路運而清界限乞令遵由

送財委會。

丁、關於外交者計三件

一、長沙總商會文代電請明令湖南外交後援會取銷限
四十日售罄日貨之規定如有私向日本購訂貨物情事仍
准該會嚴加處罰以息糾紛而免病民由

令湖南省政府妥為辦理。

二、漢口總商會呈並抄單一紙為曾森昌信局代商民由

沙市輪船匯寄沙市現洋被江漢關查驗員全數提去一案
據商民呈請轉呈前來既非裝運出口情有可原特代懇准
予發還以示體恤伏乞飭遵由

據議決案函復。

戊、關於雜件者計三件

一、湖北全省商聯會常務委員吳幹臣等呈報成立執監
委員會並互選常務委員暨刊用關防日期請備案由

指令備案。

二、馮玉祥蒸電達歌日發出通電對於時局意見六條由

覆電贊同。

三、湖南省政府委員會該會第十六次常會紀錄由

查存。

第十六次常會

議事日程——十七年七月二十四日（星期二）下午一時

（一）武漢圖書編印館請撥籌備經費及辦公處案（主席
提出）延前會

（二）第四集團軍總司令部據該部交通處呈請令粵鄂兩
省建設廳辦理粵鄂電局附設無線電台並電達粵贛
鄂三省速籌恢復直達雙線徵求同意案（主席提出）

（三）湖南省政府魯主席電呈為據該省電政局轉請本會飭
令漢局查照前案撥給補助費及材料案（主席提出）

（四）胡委員報告擬請先由本會通緝偷運私土犯朱崐山
等歸案究辦以儆奸狡案（主席提出）

提案理由並附件

（一）武漢圖書編印館請撥籌備經費及辦公處案（主席
提出）延前會

茲將第十五次會議關於本案議事錄照錄於下：

一、館址暫設前漢口印刷所。

二、編譯部由秘書處派員調查楊森公館是否合用。

三、添聘籌備委員劉嶽峙、孔雯掀、黃季剛、熊子
貞、但燾、時功玖、王吉占及此次武漢大學籌備委
員諸人。

四、籌備處暫緩設立，即以前漢口印刷所為辦公處，
幹事、助理等職員暫由印刷所兼任以節省經費。

五、通知麥、汪兩籌備員列席十六次會議，陳明一切以便議決辦法。

（二）第四集團軍總司令部據該部交通處呈請令粵鄂兩省建設廳辦理粵鄂電局附設無線電台並電達粵贛鄂三省速籌恢復直達雙線徵求同意案（主席提出）

提案理由

准第四集團軍總司令部函開據敝部交通處呈稱粵、鄂電局附設無線電台處費約需萬元，事輕易舉，可令各該省建設廳從速辦理限期呈報。又恢復後，粵、贛、鄂直達雙線約需十萬元，由三省攤派，先就粵、鄂兩省電政收入盡量撥充，如贛省收入不敷，粵、鄂應予協助。請即電徵各該省同意得復後，再訂詳細辦法，俟款項與辦法確定後再電請交通部主持進行等情。據此查該處所呈辦法尚屬切實，相應函請貴會核辦等因到會。應如何辦理之處，請公決。

原函附後

逕啟者。頃據敝部交通處呈稱案奉鈞令關於設置粵、鄂兩局短波無線電台一案，仰職處籌備進行等因。伏查粵、鄂電局附設無線電台處費不過一萬元左右，事輕易舉，可令各該省建設廳從速辦理，限期呈報。然此仍係一時權宜辦法，一面須將粵、贛、鄂直達雙線速籌恢復，據職處有電料約估需款亦不過十萬元之譜，由三省攤派當不甚難。此事本應請交通部負責辦理，但聞交通部收入

支絀，恐力有所不及，不如由三省自行籌款，先就粵、
鄂兩省電政收入盡量擴充，如贛省收入不敷，粵、鄂應
予協助。請即電達各省徵求同意，得復後再訂詳細辦法，
俟款項籌妥、辦法確定，再電請交通部主持進行。是否
可行，伏候鈞裁等情。據此查該處所呈辦法尚屬切實，
除指令外相應據情函請貴會查核辦理。此致中央政治會
議武漢分會主席李。總司令李宗仁。

（三）湖南省政府魯主席電呈為據該省電政局轉請本會飭令漢局查照前案撥給補助費及材料案（主席提出）

提案理由

據湖南省政府魯主席巧電稱案據該省電政管理局劉汲之
寒、刪兩代電稱湘區電款支絀，材料缺乏，轉請本會飭
漢局依據前案如數撥濟等情。可否轉令漢局依案撥濟之
處，請公決。

原電附後

武漢政治分會主席李鈞鑒。案據湖南電政管理局局長劉
汲之寒代電稱竊查湘區電款支絀異常，每月不敷已達一
萬八千餘元之鉅，縱使極力裁減，每月至少非撥萬元，
不足以資應付。依據前案，除由省庫月撥補助費五千元
外，並由漢口電報局月撥補助費四千元，近月以來漢款
未能如期撥匯，應請鈞座電漢政治分會轉飭漢口電報局
如數撥匯來長，以資挹注。又據該局長刪代電稱查長局
材料異常缺乏，自維現狀已屬不敷，加以各屬局請求撥

濟紛至沓來，剜肉醫瘡，窮於應付。當此電款支絀，購辦未能，若待中央核發滬料，必先由部章月配，次第入手。萬緒千頭，一時實難抽象，領料輾轉困難，事所必至。依據前案，湘區電料之需悉由漢口電報局撥濟，自應仍舊賡續辦理，務懇鈞座電漢政治分會轉飭電報局撥解來長，以濟急需各等情。據此查湘區電政以款項支絀，材料缺乏，辦理異常困難，邇年所需款項純賴漢局撥濟，湘、鄂交通始克維持。茲據前情，該局長為整頓湘區電政計，為維持鄉鄂交通計，依據成案請求協助，廳請鈞會轉飭漢口白局長查照前案月撥補助費四仟元，並撥發快機油紙條五百盤、快機白紙條一千盤、莫爾斯藍紙條四千盤、炭精一千五百片、錳塊橡圈三千只、鋅條四千根大、藍油紙一千張、玻璃電瓶五百只、鹽腦一千磅、機器墨油一千瓶、機器油一百瓶、粗皮膠線十五綑、十二號線五十綑、八號線一百綑、粗砂布八十張、細砂布四十張、接線螺絲一百五十只、麑皮十張、領料單二百張。循例派解來長，以資挹注而應急需，實為公便。湖南省政府主席魯滌平叩。巧印。

（四）胡委員報告擬請先由本會通緝偷運私土犯朱崐山 等歸案究辦以儆奸狡案（主席提出）

提案理由

查本會前據湖北禁煙局長聶洸呈請緝辦偷運私土犯張玉山、朱崐山等一案，統由第十一次常會議決交鐸嚴密查

辦，旋准秘書處來函並附抄呈一件，茲將此案事實查明及應通緝理由撮舉要點報告如次。

一、查原呈所舉發之朱崐山、張玉山現合組織申莊，牌名森泰，地點在上海法租界，專以勾結直達渝、滬商輪及兵輪，運私偷稅。其內部係以朱崐山為駐滬總經理，以張玉山為駐渝辦貨號客，宜昌方面由盛鉅川主持，涪州方面由曾秉鈞經手，漢口方面由黃久成坐辦，又以劉頤章接洽上下游暨中路事宜。

二、該局迭據報告上項情形後，曾設法破獲其平湘和兩輪裝運私土各案，最近又據報告由案內曾犯秉鈞在川省販運大宗私土，果於本月十日在慶和輪查出川裝藥材四十一箱內夾帶煙土數萬兩，當查獲時事為海關所聞，致全數為海關扣留，尚在交涉中。

依上兩點證明該奸商張玉山、朱崐山、盛鉅川、曾秉鈞、劉頤章等共同為違法之營業，私販、私運情節顯然，若不嚴行懲辦，殊於煙禁前途大有影響。惟該奸商等所置財產存儲上海法界，托庇外人，查抄頗屬不易，擬請先行由本會通令緝拿歸案究辦，以儆奸狡。是否有當，敬候公決。

議決案

日　　期　十七年七月二十四日（星期二）下午一時
地　　點　本會
出席委員　張知本　胡宗鐸　嚴　重　張華輔

請假委員　白崇禧　陳紹寬　李隆建　魯滌平　劉嶽峙
列　席　人　武漢圖書編印館籌備委員麥煥章　汪奠基
主　　　席　李宗仁因事赴北平，臨時公推張知本代主席
秘　書　長　翁敬棠
紀　　　錄　李載民

主席恭讀總理遺囑，宣告開會。
秘書長報告處理事務並執行第十五次常會議決各案經過。

討論議事日程

（一）武漢圖書編印館請撥籌備經費及辦公處案（主席提
　　　出）延前會
武漢圖書編印館麥煥章同志報告籌備編印館經過〔約〕
分以下數點。
　　一、〔武漢〕圖書編印館應完全隸屬於武漢政治分會。
　　二、在館長未確定以前，編譯員之產生方法及待遇
　　規程應如何規定。
　　三、關於編譯員之聘任，應組織審查委員會審查。
　　四、現在籌備員祇有兩人，籌備處亦未設立，此後
　　進行亟應撥定經費設立籌備處，以便著手辦理。繼
　　由汪奠基同志報告關於編譯部之組織及延攬國內有
　　名學者為編輯員，亦多陳述始末。本會委員相繼討
　　論，為如左之議決：
　　一、前漢口印刷所經費改為〔武漢〕圖書編印館印

刷及發行部經費。

二、館址設華景街西商馬場背後楊森住宅。

三、在圖書編印館未成立以前所有一切事務即由麥、汪兩同志負責辦理，關於編譯事宜即召集籌備委員會共同討論。

四、演講場武昌、漢口各設一處，閱覽室設編譯部內。

五、添聘籌備委員孔雯掀、黃季剛、熊子貞、但燾、時功玖、王吉占、劉梅齋及此次武漢大學籌備委員諸人。

六、籌備委員由本會聘請，聘函今日送達，定於本月二十六日（星期四）下午四時在本會開第一次籌備會，由麥、汪兩同志負責召集，並由本會秘書長參加籌備會議。

（二）第四集團軍總司令部據該部交通處呈請令粵鄂兩省建設廳辦理粵鄂電局附設無線電台並電達粵贛鄂三省速籌恢復直達雙線徵求同意案（主席提出）

議決：電交通部速恢復粵、贛、鄂〔無線〕電線交通。

（三）湖南省政府魯主席電呈為據該省電政局轉請本會飭令漢局查明〔照〕前案撥給補助費及材料案（主席提出）

議決：令武漢電政管理局查案辦理。

（四）胡委員報告本會第十一次常會議決請查朱岷山等偷運私土一案經查明屬實擬請先由本會通緝偷運私土犯朱岷山〔等〕歸案究辦以儆奸狡案（主席提出）

議決：照通緝。

臨時動議

（一）湖北省政府張主席據財政廳廳長呈覆譚仲績在印
　　　花稅局任內種種貪污情形請鑒核案（主席動議）

原呈附後

甲、湖北省政府張主席呈

呈為呈復事。案據財政廳廳長張難先呈復查明譚仲績在湖
北印花稅局任內種種貪污情形請鑒核等情，據此竊查此案
奉鈞會令飭遵即轉行財政廳查照該公民等函呈各節分別查
明，據實呈報並呈復各在案。茲據前情，除指令外，理合
抄錄原呈請鑒核施行。謹呈中央政治會議武漢分會。湖北
省政府主席張知本。

乙、湖北財政廳長張難先呈

呈為呈復事。竊奉鈞會令開以奉中央政治會議武漢分會訓
令據武漢兩鎮公民代表江春山等函呈譚仲績辦理稅收種種
污劣乞查明嚴懲等情，轉令查照函呈各節分別查明切實具
報以憑核轉等因，計抄發原函一件。奉此遵即派夏股長賦
初、傅股長世偉查照，函開各節逐一查明，務取確據具報。
去後茲據該員等將查明此案情形分項具復如下：（一）原
函謂五區特業受賄數鉅等語，查第五區分局（在沙市）正
局長張鑑、副局長曾敬業共同偽造印花約二萬元，經沙市
商會告發總局，派稽查員吳且安（住漢口鼎豐里二十五號）
查出贓證，當將銅模及石板封存某客棧報告總局，即在漢
口鼎豐理將張拿獲，囚局內月餘。張夥曾敬業為之多方奔
走，以一萬四千元行賄於譚及其科長李清崖，李得五千餘

元，餘歸譚有，遂將張釋放。（二）原函謂比較有明有暗，堂條戲券索價四千等語，查漢口堂條戲券印花專員陶炯曾由第一分局（在漢口）承包漢口堂條戲券印花稅，說定每月比額三千元，另交二千二百元作為總局私比。由譚之副局長王允明經手過交該專員後，以有所虧累不肯承認私比，譚即將該專員撤差。（三）查帆船印花稅早經明令撤銷，譚乃素取劉楚清、江家豪、江漢瀛三人規費一萬二千元，親諭條飭第一區分局長袁鶴齡，照委為皇經堂、蝦蟆磯、下新河等處帆船印花稅專員，諭條尚存袁手（袁現住漢口長春里六十八號）。以上均係查明屬實者，至原函內所述其他各節，因未指出事實，無從查究。理合將奉令查明譚仲績在湖北省印花稅局局長任內種種污劣情形具文呈復鑒核等情，據此理合據情轉呈鈞府鑒核。謹呈。湖北省政府財政廳廳長張難先。

比較重要文件報告

武漢政治分會秘書處逐日處理公文書情形，除尋常事件列入本會逐日辦事情形表外，茲將處理比較重要文件經過分類列舉報告如左：

甲、關於財政者計七件

　一、財政委員會委員張知本等呈為定於本月二十一日銷毀遞存之偽造庫券鈔洋及未經發行之兌換券以杜後患呈請備案並乞屆期派員監視由

　指令准予備案，並屆期派員前往監視。

二、湖南全省捲煙稅局長盛鈞寒代電為述恢復湖南捲
煙稅務係完全遵照財部統一大計辦理並經該省財政整
委會決議呈請省府施行並抄原呈電請鑒核備案由

送財委會。

三、湖南省政府魯主席呈為籌發銅元券一案據該省財政
整委會第四次例會決議以湘省紙幣信用久失若驟發銅元
券恐生窒礙應俟銀行成立再議等情轉報察核乞令遵由

指令仍仰俟湖南省銀行成立，迅即籌劃辦理。

四、湖北財政廳長張難先呈為衡量商力參酌情形將湖
北牙帖章程暨施行細則加以修改並重訂整理舊帖辦法
以維帖政而利進行請備案由

送財委會。

五、湖北堤工經費保管委員會委員張難先等呈為據情轉
請准由應發四十三軍軍費項下扣除前松滋縣縣長劉傲民
挪解堤捐一千一百餘元撥還該會以維堤款乞令遵由

送財委會。

六、湖北省銀行籌備委員會主任委員唐有壬等呈報就
職啟用關防日期請備案由

指令准備案。

七、湖北禁煙局長聶洗呈據宜昌禁煙分局長羅步武等
呈覆梅前局長任內為應付軍費發行預徵券並已付讓免
息金匯水情況轉呈鑒核由

送財委會。

乙、關於軍政者計二件

一、湖南財政廳長劉嶽峙呈為據情轉請飭將藉兵士勢力不受查驗兩次衝關永興公司所管萬和萬壽兩輪從嚴查究並懇出示嚴禁在輪軍隊毋得包庇以杜流弊而重損收乞令遵由

送財委會。

二、淮南湘鄂西皖四岸鹽事務所諫電縷陳寶善公司私運日鹽請嚴懲並沒收變價充公以杜狡謀由

送財委會。

丙、關於建設者計一件

一、湖南省政府委員兼建設廳長劉召圉覽呈湘省汽車路務調查報告刊物請備查由

指令備案，另令湖南省政府路務重要應極力設法維護。

丁、關於雜件者計二件

一、湖南省政府委員會送該會第十七次常會紀錄由

存查。

二、第四集團軍總司令部抄送特別市組織法函請查照公佈由

令兩湖省政府、財委會、武漢市政委員會。

第十七次常會

議事日程——十七年七月二十七日（星期五）下午一時

（一）擬通令肅清從前共黨反動標語應嚴密查視完全撕
　　　毀並擬具意見送兩湖省市黨部遇頒發標語時條數
　　　宜少並同時更換俾易了解而歸一律案（主席提出）

（二）擬於本年籌設兩湖物產展覽會案（主席提出）

（三）據本會秘書長報告武漢圖書編印館籌備委員會會
　　　議情形案（主席提出）

提案理由並附件

（一）擬通令肅清從前共黨反動標語應嚴密查視完全撕
　　　毀並擬具意見送兩湖省市黨部遇頒發標語時條數
　　　宜少並同時更換俾易了解而歸一律案（主席提出）

提案理由

本黨為宣傳主義、喚醒民眾，而有標語之製定，蓋以領導國民，使同趨於國民革命之鵠。自共產黨混入本黨以來，陰謀篡奪所有一切，標語任意改製，煽惑階級鬥爭。最近共黨雖匿跡銷聲，而武、陽、夏三鎮大街小巷、電桿牆壁，此類反動標語撕滅猶有未盡，其他地域想亦同然。擬通令兩湖省政府轉飭所屬嚴密查視，遇有此種反動標語應即認真撤毀，以正視聽而免淆惑，此應請討論者一。現在本黨標語均經中央黨部製定，頒由地方各級黨部宣布。惟中央黨部為全國宣傳計畫，故所頒標語取

於籠括大義，而地方黨部為一域區內之宣傳計畫，亦有於中央頒定之外更製標語者。按標語為格言之意，本所以指導人民使能共同遵守。擬函請兩湖省市黨部於頒發標語時應分期張貼，每月定為幾次，每次以兩三條為限，使易記憶了解，且各區同日更換，使全省地方於某一期間所貼標語均歸一律，庶視聽不紛，人民對於黨義方能有深刻認識，此應請論者二。是否有當，敬候公決。

（二）本年籌設兩湖物產展覽會案（主席提出）

提案理由

湘鄂為產業富庶之區，武漢尤輪軌輻輳之地，數十年來受外人經濟壓迫，日陷於困窮之境。揆厥原因，實由於國家無獎勵生產之謀，人民失提倡領導之望，以致產業不興，經濟落後，良可慨嘆。查歐美各國對於生產事業莫不殫精竭慮，獎掖提倡，博覽會、展覽會之設立日異而歲不同。兩湖承變亂之餘，物力凋殘，民生憔悴，若不設法獎進產殖，將何以求國民經濟之發展，而從事於建設之途。茲擬於本年仿照江浙兩省先例，在漢口開設兩湖物產展覽會，徵集兩省各種出產陳列一處，比較優劣，以引起人民觀摩競進之心，而收生產事業發達之效。是否有當，敬候公決。

（三）據本會秘書長呈報武漢圖書編印館籌備委員會會
　　　議情形案（主席提出）

提案理由

據本會秘書長呈報本月二十六日在本分會開武漢圖書編印
館籌備委員會，出席委員麥煥章、涂允檀、汪奠基、黃建
中、曾珹益、但燾、劉樹杞等七人議決情形分陳如下：

　　甲、武漢圖書編印館組織條例由本會秘書處起草，
　　交籌備委員會審查，再送政治分會議決施行。

　　乙、武漢圖書編印館編譯部組織規則編譯員聘任規
　　則（附編譯員審查委員會規則）、編譯部編譯規則、
　　編譯部辦事細則。

　　　　子、聘任規則內容（一）資格：參酌武漢大學聘
　　　　任教授資格辦理。（二）手續：由政治分會委員
　　　　及籌備委員介紹提出於政治分會，再由分會隨時
　　　　送交審查委員會，經審查合格後再送由政治分會
　　　　核定。（三）待遇：參酌武漢大學專任教授待遇。
　　　　丑、審查委員會組織內容（一）政治分會委員
　　　　（二）籌備委員（三）政治分會聘請之學術專門
　　　　人員。

　　　　寅、編譯規則內容以汪委員原擬草案為基礎，加
　　　　以補充或修正，以上規則推曾珹益、黃建中、汪
　　　　奠基三委員起草。

　　丙、印刷部組織規則及辦事細則、發行部組織規則
　　及辦事細則，均推麥煥章委員起草。

丁、武漢圖書編印館全部預算擬定每月一萬元，俟
本館成立時再行編製預算書，在預算未定以前，以
舊漢口印刷所經費每月四千六百元暫充本館印刷、
發行兩部每月經常費用。

戊、編印館地址設在華景街（即楊森舊宅）。

己、籌備事宜由麥委員擔任，所有用款由印刷、發
行兩部暫行墊撥。

庚、由政治分會令行漢口印刷所及財政委員會，從
前設立之漢口印刷所應即裁撤，該所每月四千六百
元暫行移充武漢圖書編印館印刷、發行兩部經費。

辛、定每星期三下午四時開籌備委員會一次，地點
在政治分會，由本會秘書處通告。所有各種條例、
規則、草案應先期送交本會秘書處，以便油印分送
各委員等情。特為提出，敬候公決。

議決案

日　　期　十七年七月二十七日（星期五）下午一時

地　　點　本會

出席委員　張知本　胡宗鐸　嚴　重　張華輔

請假委員　白崇禧　陳紹寬　李隆建　魯滌平　劉嶽峙

主　　席　李宗仁因事赴北平，臨時公推張知本代主席

秘書長　翁敬棠

紀　　錄　李載民

主席恭讀總理遺囑，宣告開會。

秘書長報告處理事務並執行第十六次常會議決各案經過。

討論議事日程

（一）擬通令從前共黨反動標語應嚴密查視完全撕毀並
　　　擬具意見送兩湖省市黨部遇頒發標語時條數宜少
　　　並同時更換俾易了解而歸一律案（主席提出）

議決：（甲）令兩湖省政府轉飭所屬將從前共黨懸貼標語
　　　　　　認真撕毀，以免淆惑。

　　　（乙）將本會意見送兩湖省市黨部參考。

（二）擬於本午籌設兩湖物產展覽會案（主席提出）

議決：令兩省建設廳轉飭各該省商會籌劃，務期實現。

（三）據本會秘書長報告武漢圖書編印館籌備委員會會
　　　議情形案（主席提出）

議決：照辦。

比較重要文件報告

武漢政治分會秘書處逐日處理公文書情形，除尋常事件
列入本會逐日辦事情形表外，茲將處理比較重要文件經
過分類列舉報告如左：

甲、關於建設者計四件

　　一、湖北省政府張主席呈為武漢電話局歸部直轄抑係
　　　地方管理一案前准交通部電詢經議決已令建廳查案具
　　　復在案呈請鑒核由

指令據呈已悉。

二、湖北省政府張主席為武漢電話局擬具整理該局辦
法及管理電話生規則轉令建廳審核一案茲據審核結果
呈復鑒核由

指令審核結果尚屬周妥函，撥款一節另候核辦。

三、財政委員會張委員呈為准函送武漢電話局呈送七
月上旬收支款項附日報請鑒核一案該會以該局係交通
機關應由該局逕呈上海電政總局檢同原件函送核辦並
希見復由

暫存候辦。

四、武漢電話局長陳秉仁呈為該局房屋機器材料租費
等保險到期照例續保並取有永年公司保單收據存查呈
報鑒核備案由

暫存候核辦。

乙、關於財政者計四件

一、湖北全省商聯會常務委員呂超伯等呈為准安陸縣
商會函以該縣官鹽停運民苦淡食不得不購買雜鹽附帶
兼售乃被緝私營周營長駿如帶隊鳴槍示威任意搜劫擅
自捕押請飭鄂岸榷運局嚴行查辦追還失物並速運輸官
鹽接濟民食由

送財委會。

二、財政部函為湖北禁煙局呈請將武漢市燈吸及牌照
兩捐仍歸該局徵收一案昨經據情函請查照在案茲復據
該局補呈理由請查照由

送財委會。

三、湘岸榷運局長彭兆璜電請可否援例將湘岸緝務由
該局兼辦由

交財委會。

四、財政部宋部長函為前湖北省鹽勦處長周煥呈報前
第四集團軍及前湖北軍事廳先後提撥鹽稅洋三十九萬
一千二百八十七元八角三分檢同印收請抵解一案未據
該前處長敘明前第四集團軍係何人統轄稅款係何時提
撥凡解稅款須具五聯解款書呈部方符手續希錄前案連
同所繳印收送部查核由

送財委會。

丙、關於民政者計二件

一、漢口特別市黨務指委會函為准二十一十四四十三
十二各軍及黃孝雲六屬清鄉各駐漢辦事處函以各該處所
駐同豐里房屋係借用湖北逆產清理處撥與漢口小學之逆
產乃特三區市政局長張履鰲迭限一律遷移氣憤填膺祈嚴
屬懲治等情函請派員撤查懲辦以肅官方並希見覆由

函覆已令湖北逆產審查委員會審查具覆核辦。

二、茶陵縣長方直文代電為湖南清鄉公報第一期內載
茶陵民團羅兆鵬陰與共匪陷興龍集中贛屬寧岡聚眾萬
餘迫茶陵等語事實不符懇轉電澈查民團出首姓名以警
官邪而保良善候示遵由

據原呈分別用代電查明,並指令俟覆到再行飭遵。

丁、關於軍政者計一件

一、三十五軍軍長何健號電為該部駐漢辦事處任務繁
重派參謀長江瑞焜駐處主持乞示接洽由

存查。

戊、關於教育者計一件

一、國立武漢大學籌委會主任委員劉樹杞呈報籌辦武
大情形各種大綱細則祈鑒核備查由

指令呈悉，冊存。

己、關於外交者計一件

一、湖南省政府魯主席委員兼民政廳長陳嘉任呈備述遵
辦湖南人民反日外後援會與長岳關監督兼交涉員毛鐘
才互相控辯一案經過情形並抄錄交涉員原呈請察核由

指令仍由該政府隨時指示辦理。

庚、關於雜件者計四件

一、湖北省政府送到該府第二十九次政務會議議事錄

二、湖南省政府委員會送到該會第十八次常會紀錄

三、財委會送到該會第四次常會議決案

四、江蘇財政廳秘書戶桐陽郵呈著作敬乞教正能於新設
之武漢圖書館給以編纂職務當勉效微勞靜候明示由

彙送圖書編印館並函復。

第十八次常會

議事日程——十七年八月三日（星期五）下午一時

（一）漢口中山日報社社長麥煥章呈報辦理贖回印報捲
　　　筒機經過情形及以後應支各款造表請鑒核令遵並
　　　懇令行衛戍司令部將衛戍病院遷移以便裝置案
　　　（主席提出）

（二）江漢口內地稅局長譚平呈為海關驗貨估價權操外
　　　人影響國計民生至大請在海關稅權未收回及國定
　　　稅率未頒布前特許該局有權驗貨估價以挽國權案
　　　（主席提出）

（三）武漢電話局長陳秉仁呈為該局無力撥濟武昌無線
　　　電台經費懇自八月份起停撥以輕負擔而清權限請
　　　鑒核示遵案（主席提出）

（四）國立武漢大學籌備委員會主任劉樹杞呈為奉令續
　　　辦醫科陳明困難情形請轉令湖北省政府就武漢市
　　　立醫院內創辦醫專一所收納前中大醫科學生案
　　　（主席提出）

（五）據本會秘書長報告武漢圖書編印館第二次籌備委
　　　員會開會情形案（主席提出）

提案理由並附件

（一）漢口中山日報社社長麥煥章呈報辦理贖回印報捲
　　　筒機經過情形及以後應支各款造表請鑒核令遵並

懇令行衞戍司令部將衞戍病院遷移以便裝置案（主席提出）

提案理由

據漢口中山日報社社長麥煥章呈報辦理贖回印報捲筒機經過情形，其大意有三：（一）以後應支各款總計一萬六千三百三十兩零四錢六分，應如數撥付。（二）據民國日報呈請省市黨部提議就此機印報，已經本會議決民國日報亦可就印。惟該報既用此機，亦應擔任用款，請令行省政府照撥。（三）該捲筒機若付銀六千兩即可取出安置，惟房屋係建築於老圃附近，現為衞戍病院。懇令行衞戍司令部令飭衞戍病院遷移，以便修理裝置等情。應如何辦理之處，請公決。

原呈及表附後

呈為呈報辦理贖回印報捲筒機經過情形及以後應支各款造具一覽表，仰祈鑒核令遵事。竊屬社奉令准撥付前正義報向禪臣洋行訂購捲筒機原價欠款銀六千兩，遵即具領轉交在案，惟查該機欠款總數為一萬一千六百四十二兩一錢六分，除付銀六千兩外加利息銀八十七兩八錢、棧租銀二百四十兩零五錢，又工程師旅費一千二百兩（因前次旅費係禪臣洋行給付，故此次應由本社負擔），又該機安置房屋原在老圃內，建築新廠合計工程銀一萬二千七百餘兩（此款由民國日報經手）。除付下欠銀七千七百兩，他如搬運費約計三百六十兩，裝置工人工資、火食約計銀四百四十兩，裝置材料及雜用約計銀六百六十兩，總共銀

一萬六千三百三十兩零四錢六分。此款必須如數撥付，方能敷用。再查民國日報前在省、市兩黨部提議請求就此機印報，業蒙鈞會函准在案，惟該報既用此機，自應擔任用款。擬請鈞會令行省政府即將此次所列支付數目銀一萬六千三百三十兩零四錢六分從速撥交鈞會轉發屬社，以便清結欠數，早將機件安置。是否有當，理合呈請鈞會鑒核令遵。再該捲筒機安置房屋係建築於老圃內，現被衛戍司令部衛戍病院佔住，該機欠款既已交付六千即可提回裝置，屬社擬不日即將機器搬回以省棧租。應懇鈞會令行衛戍司令部迅速令飭該病院遷移，以便從事修理，著手裝置，合併呈明。謹呈中央政治會議武漢分會主席李。附呈開支一覽表乙份。漢口中山日報社社長參煥章。

贖回捲筒機各項開支一覽表

類別	數目		備考
欠款	五、六四二、	一六〇	總數為一萬一千六百四十二兩一錢六分，前付六千兩下，實欠如上數。
利息	八七、	八〇〇	每月四十三兩九錢，計六、七兩月共支如上數。
棧租	二四〇、	五〇〇	算至九月五日止，共計如上數。
旅費	一、二〇〇、	〇〇〇	工程師由德來申往返川資共支如上數，因前次係由禪臣洋行交付，前賬未列入。
欠付建築費	七、七〇〇、	〇〇〇	所欠正價及彌補虧折數約如上數。
裝置工資	四四〇、	〇〇〇	約計兩個月，工資、火食約計如上數。
裝置材料及雜用	六六〇、	〇〇〇	除機件以外需用之物約計如上數。
搬運費	三六〇、	〇〇〇	由德國二碼頭至老圃腳力約計如上數。

總共計銀一萬六千三百三十兩零四錢六分

（二）江漢口內地稅局長譚平呈為海關驗貨估價權操外
　　　人影響國計民生至大請在海關稅權未收回及國定
　　　稅率未頒布前特許該局有權驗貨估價以挽國權案
　　　（主席提出）

提案理由

據江漢口內地稅局長譚平呈略稱整頓稅收，固在檢查嚴密
以防偷漏，而屬行保護政策獎勵國貨輸出，尤為要圖。我
國關稅因受協定束縛，以致外貨輸入，逐年增加，國產蕭
條，民生日蹇，實由海關驗貨、估價、檢查等權操於外人
之手。除檢查權業向稅司領事據理力爭，得由局單獨派員
登輪檢查外，其驗貨、估價亦應特許本局得隨時派員會同
海關辦理，以杜匿貴報賤及歧視華洋貨品任意高低稅率之
弊，倘有成效，擬請財政部飭各關局一體遵行。至應如何
酌添人員，妥慎組織，俟奉准後再由屬局詳加條議呈請示
遵等情到會。應如何辦理之處，請公決。

（三）武漢電話局長陳秉仁呈為該局無力撥濟武昌無線
　　　電台經費懇自八月份起停撥以輕負擔而清權限請
　　　鑒核示遵案（主席提出）

提案理由

據武漢電話局長陳秉仁呈略稱前因西征軍收復武漢，先後
奉國民政府軍事委員會令飭職局撥濟武昌無線電台經費每
月二千元。維時軍事方殷，不得不勉予籌撥，惟該台每月
實在開支究係若干，有無預算呈明武漢財政機關核定，亦

無從揣度。現值軍事告竣，該台經費似應逕向該管機關請領方為正辦。職局歷受時局影響，用戶押款挪用一空，亟應設法填補以維信用，而購料整理刻不容緩，實無餘力再任撥濟。擬懇自八月份起停撥以輕負擔而清權限，請鑒核示遵等情到會。應如何辦理之處，請公決。

（四）國立武漢大學籌備委員會主任劉樹杞呈為奉令續辦醫科陳明困難情形請轉令湖北省政府就武漢市立醫院內創辦醫專一所收納前中大醫科學生案（主席提出）

提案理由

據國立武漢大學籌委會主任劉樹杞呈略稱奉本會令據醫科學生呈請轉令該會繼續設辦醫科一案，因武漢大學創辦伊始，在在需款，而醫學首重實驗，一切設備經費較之他種科學為數更鉅，現實無力兼顧。查武漢市立醫院原係省設，據該院院長李博仁聲稱如就該院基礎設立，一切臨床設備內可從省，祇需設備費洋一萬元，每月需經常費一萬元。爰於七月十五日第三次談話會決議擬請就武漢市立醫院基礎設立醫學，酌收前中山大學醫科學生，以遂其殷殷求學之志，並可收事半功倍之效等情呈復到會。應如何辦理之處，敬候公決。

原呈附後

呈為呈復事。案奉鈞會政字第一三二號訓令開據前國立武昌中山大學醫科全體學生呈稱為懇請令飭武漢大學籌

備委員會繼續設辦醫科一案，除原文有卷邀免全錄外，尾開合亟轉行該委員會，仰即酌核辦理此令等因。奉此竊以設立醫學原為急切之圖，惟醫學首重實驗，一切設備經費較之他種學科為數甚鉅。武漢大學創辦伊始，在在需款，實無餘力兼顧及此。茲查武漢市立醫院原係省庫所設，並據該院院長李博仁聲稱如就該院基礎設立醫學，則一切臨床設備均可從省，總計約需設備費洋一萬元，每月經常費一萬元。委員等爰於七月十五日第三次談話會決議擬請鈞會鑒核，可否轉令湖北省政府即就該市立醫院內創辦醫學一所，酌量收納前中大醫科學生，以遂其殷殷求學之志。似此辦理，庶可收事半功倍之效，而為一舉兩得之計。是否有當，理合備文呈復鈞會鑒核施行，實為公便。謹呈中央政治會議武漢分會。國立武漢大學籌備委員會主任劉樹杞。

（五）據本會秘書長報告圖書編印館第二次籌備委員會開會情形案（主席提出）

提案理由

據本會秘書長報告，本月一日圖書編印館開第二次籌備委員會，業將左列各項條例規則審查通過，尚有圖書編印館發行、印刷兩部組織規則、辦事細則，經該會交本會秘書處審查，俟審查完畢再行報告等語。合將該會審查通過各項條例先行提出，敬候公決。

計開

（一）武漢圖書編印館組織條例

（二）武漢圖書編印館編譯部組織規則

（三）武漢圖書編印館編譯員聘任及待遇規則

（四）武漢圖書編印館編譯部編譯規則

武漢圖書編印館組織條例

第一條　武漢政治分會為導揚文化研究政治及學術，設立
　　　　武漢圖書編印館。

第二條　武漢圖書編印館隸屬於武漢政治分會。

第三條　武漢圖書編印館置左列三部：

　　　　（一）編譯部

　　　　（二）印刷部

　　　　（三）發行部

第四條　編譯部掌理事項如左：

　　　　（一）編譯關於學術刊物

　　　　（二）編譯關於黨務政治刊物

第五條　印刷部掌理事項如左：

　　　　（一）印刷機件之設備及管理

　　　　（二）印刷武漢政治分會及本館一切刊物

　　　　（三）承辦其他各種印刷業務

第六條　發行部掌理事項如左：

　　　　（一）發行武漢政治分會及本館一切刊物

　　　　（二）代發行其他各種刊物

第七條　本館附設圖書館、講演所、國學研究會及出版品
　　　　交換處，其規則另定之。

第八條　本館設館長一人，由武漢政治分會主席兼任，編
　　　　譯主任一人，由武漢政治分會聘任，印刷、發
　　　　行部主任各一人，由武漢政治分會委任，印刷、
　　　　發行二部主任得由一人兼任。

第九條　本館館長有管理本館一切事務之權。

第十條　本館各部主任承館長之命掌理各該部事務。

第十一條　本館編譯部設編譯員若干人，其聘任及編譯規
　　　　　則另定之。

第十二條　本館設職員若干人，由館長委任，呈請武漢政
　　　　　治分會備案。

第十三條　本館編譯、印刷、發行三部組織規則及辦事細
　　　　　則另定之。

第十四條　本館經費應編列預算呈請政治分會核定。

第十五條　本條例如有未盡事宜，得隨時由武漢政治分會
　　　　　議決修改之。

第十六條　本條例自武漢政治分會議決公布之日施行。

武漢圖書編印館編譯部組織規則

第一條　本部依武漢圖書編印館組織條例第四條規定分學
　　　　術刊物與黨務政治刊物二組，每組應再分若干
　　　　類分別工作。

第二條　學術刊物組分五類如下：
　　　　（一）專門學科類：關於自然科學、社會科學、
　　　　文學、哲學、教育學、軍事學等。
　　　　（二）普通實用學科類：關於實用物理學、化

學工程學、機械學、電學、醫學、生理衛生學、政治學概要、社會學概要、經濟學概要、歷史地理學等。

（三）中學教科書類：按中學各級學程需要，根據最近科學發現之原理順序編譯各項教本。

（四）科學常識小叢書類：關於各項實用科學之短篇論文。

（五）國學叢書類：關於小學、經學、史學、諸子學、佛學、文學、目錄學、校勘學、金石學、音樂學、書畫學、方言學、民族學及中國文化史、宗教史、文學史、哲學史、數學史、教育史、美術史、法制史、政治思想史、經濟思想史等。以上五類擇要聘請專家擔任編譯。關於譯書一項，除本國文字譯外國名著外，並須以外國文字譯本國名著。

第三條　黨務政治刊物組分二類如下：

（一）黨務類　關於黨義及政策等

（二）政治類

甲、關於政治法律經濟及其他各種行政實況之編纂

乙、關於各機關行政表冊年鑑調查報告檔案等類之編纂

丙、政治講演及國民革命戰史之編纂

以上二類除聘請專員擔任外，並得請主管機關

第四條　本部除政治刊物外，得編印週刊、旬刊、月刊、
　　　　季刊、年刊。

第五條　各類專任編譯員除分任工作外，應組織編譯審查
　　　　委員會共同審定各項稿件，交由館長付印。其
　　　　關於教科書類，應由館長轉送大學院審定。

第六條　本規則如有未盡事宜，得隨時修改之。

武漢圖書編印館編譯部編譯委員聘任及待遇規則

第一條　本館編譯委員須具有左列資格之一，經聘任審查
　　　　委員會審查合格後聘任之。

　　　　（一）在學術上有專門著作者

　　　　（二）曾在國內外各大學擔任教授或講師卓著
　　　　成績者

　　　　（三）曾擔任編譯事宜卓著成績者

第二條　本館編譯委員由武漢政治分會委員或本館館長、
　　　　編譯部主任介紹，經政治分會隨時送交聘任審
　　　　查委員會審查，合格後再送由政治分會聘任之。
　　　　在本館館長及編譯部主任未就任以前，本館編
　　　　譯員得由籌備委員介紹之。

第三條　聘任審查委員會委員七人，由本館館長、編譯部
　　　　主任及專任編譯委員五人組織之，任期一年。
　　　　在館長輯譯部主任及專任編譯員未就任以前，
　　　　聘任審查委員會委員得以籌備委員充之。

第四條　聘任審查委員會有必要時，得商請政治分會延聘

館外專門學者加入審查。

第五條　本館編譯委員分下列三種：

（一）專任編譯委員

（二）兼任編譯委員

（三）特約編譯委員

專任及兼任編譯員任期一年，但得續聘。

第六條　本館專任編譯員薪俸分下列五級：

職務＼級別	1	2	3	4	5
專任編譯員	500	450	400	350	300

初任編譯委員自第五級至第三級起薪，其著有
成績者每一年得進一級。

第七條　兼任編譯委員薪俸照前表二分之一計算。

第八條　特約編譯委員之著述經編譯審查委員會審查後，
依其文字長短酌送酬資，若其著述中有圖表者，
得以所佔地位之大小照字數折算。

第九條　本規則如有未盡事宜，得隨時修改之。

武漢圖書編印館編譯部編譯規則

第一條　本館專任編譯委員，編譯時為避免重複起見，應
先將所擬編纂大綱或譯原文交編譯部主任登記。

第二條　專任編譯委員不得兼任館外職務，除編譯外並應
審查關於所擔任學科之出版物，並作報告，審查
報告須用書面提出，登載本館定期刊物。

第三條　專任編譯委員對於本館定期刊物應負撰稿責任。

第四條　兼任編譯員所編譯圖書或論文得由本部限期交稿。

第五條　兼任編譯委員無論在何地方，其所任學科如須長期始能脫稿者，應隨時將重要章節分期寄交本部，於定期刊物中發表之。

第六條　特約編譯委員得由本部指定撰述某種專門問題或譯述某類圖書。

前項論文或圖書應由專任編譯委員將編譯綱要提交編譯審查委員會決定。

第七條　特約編譯委員之酬金得由本部臨時以契約定之。

第八條　凡本部編譯委員所編譯之圖書，經審查付印後，凡版權概歸本館所有。

第九條　凡編譯稿件經付印後，編譯人不得變更內容或次序另行求售。

第十條　凡編譯委員所編譯圖書，經編譯審查委員會認為有特殊價值者，得另照版稅辦法以值百抽十或十五為酬報。

第十一條　本部出版圖書經編譯審查委員會認為應請再版者，得指定原書應修改之點交原編譯員修改之。

議決案

日　　期　十七年八月三日（星期五）下午一時

地　　點　本會

出席委員　張知本　胡宗鐸　嚴　重　張華輔

請假委員　白崇禧　陳紹寬　魯滌平　劉嶽峙　李隆建
列　席　人　湖北教育廳長國立武漢大學籌備主任劉樹杞
　　　　　　中山日報社社長麥煥章
主　　　席　李宗仁因出席五中全會，臨時公推張知本代主席
秘　書　長　翁敬棠
紀　　　錄　李載民　謝遠湛

主席恭讀總理遺囑，宣告開會。
秘書長報告處理事務並執行第十七次常會議決各案經過。

討論議事日程

（一）漢口中山日報社社長麥煥章呈報辦理贖回印報捲
　　　筒機經過情形及以後應支各款造表請鑒核令遵並
　　　懇令行衞戍司令部將衞戍病院遷移以便裝置案
　　　（主席提出）
中山日報社麥社長煥章報告約分以下四點：
　　　（一）財政委員會已撥到銀六千兩。（二）民國日
　　　報函關於建築安置捲筒機房屋共銀一萬餘兩，尚差
　　　七千餘兩未付，應分別調查房屋價值及與何建築公
　　　司定合同。（三）由德國派來工程師往來川資銀
　　　六千餘兩，如何給發。（四）安置捲筒機房屋內現
　　　為衞戍醫院，〔已〕兩次去函尚未得復，應如何再
　　　行函請退出，以便安置捲筒機云云。
議決：交由本會秘書處派員查明核辦。

（二）江漢口內地稅局長譚平呈為海關驗貨估價權操外
　　　人影響國計民生至大請在海關稅權未收回及國定
　　　稅率未頒佈前特許該局有權驗貨估價以挽國權案
　　　（主席提出）

議決：交財政委員會會同湖北交涉員查明辦理。

（三）武漢電話局長陳秉仁呈為該局無力撥濟武昌無線
　　　電台經費懇自八月份起停撥以輕負擔而清權限請
　　　鑒核示遵案（主席提出）

議決：仍照舊如數撥濟，惟該台每月開支應造具預算書送
　　　第四集團軍總司令部查核。

（四）國立武漢大學籌備委員會主任劉樹杞呈為奉令續
　　　辦醫科陳明困難情形請轉令湖北省政府就武漢市
　　　立醫院內創辦醫專一所收納前中大醫科學生案
　　　（主席提出）

湖北教育廳長國立武漢大學籌備主任劉樹杞報告大略
如下：

　　　（一）籌備國立武漢大學，經委員會議決以後關於
校務進行設兩委員會（甲）對於聘請教授設聘任委
員會（乙）對於校內一切事務設校務委員會。（二）
日前奉到大學院電令以籌備武漢大學主任委員名義
代理校長，並電令各籌備委員協同進行。因正電請
大學院規定權限，並對於招生簡章有無修改之處，
故未呈報。（三）關於醫科大學問題，大學各籌備
委員經長時間之討論，僉謂就省設武漢市立醫院基

礎內辦理醫科大學，酌收前中山大學醫科學生以慰
其殷殷向學之念，且收事半功倍之效云云。

議決：將前醫科學生令由武漢大學呈請大學院轉送上海國
立同濟醫科大學或其他相當醫科大學，俟入學後
由武漢大學酌給津貼。

（五）據本會秘書長報告〔武漢〕圖書編印館第二次籌
備委員會開會情形案（主席提出）

議決：該會所擬各項條例規則修正通過。

比較重要文件報告

武漢政治分會秘書處逐日處理公文書情形，除尋常事件
列入本會逐日辦事情形表外，茲將處理比較重要文件經
過分類列舉報告如左：

（甲）關於建設者計五件

（一）湖南省政府魯主席宥電為前據該省電政管理局請
飭漢局援案協濟款料一案頃復據該局長面稱電料缺乏已
達極點恐滋貽誤各情懇飭漢局照章撥運電料以濟急需由
轉武漢電政管理局，並先電復魯主席。

（二）株萍鐵路全體工警劉雲橋等電為前以措置失當種
種禍路事實呈請將路蠹劉競西撤辦一案迄今未蒙批示特
再泣懇將劉明令撤革澈底究辦由

批已令湖南省政府查辦。

（三）湖南建設廳長劉召圃迴電為該省與粵貫通之衡宜
路尚餘八十里未興修除令第三路局加工修築期於最短時

間完成外一面與韶州王司令會商俟衡宜路告成即日著手
修築宜章坪石間路線電呈察核由

電復嘉勉仍盼早日完成。

（四）漢口電報局長白時中感電為撥給湘電局款料一案
因奉交部電令料款不得提取挪用部令綦嚴未敢擅撥請飭
湘電局應需料款逕呈交部核准自當照撥由

轉電湖南省政府並電達交通部。

（五）商辦輪船招商局漢口分局局長汪浩呈為河街華界市
政不修道路湫隘請轉飭江漢關監督交涉員武漢公安總局會
飭太古洋行即將沿江建築物拆除以免障礙而便交通由

照准通令並指令，應併令知武漢市工程委員會。

（乙）關於軍政者計二件

（一）第十六軍軍長范石生有電報告敬日拂曉該軍與朱
德毛澤東等激戰終日並俘虜官兵據供稱該匪等有大規模
計劃應請迅飭湘鄂各軍合力會剿俾絕根株勿使滋蔓無任
企禱由

轉送集團軍司令部。

（二）鄂岸榷運局局長黃經明為緝私兵士被私販打傷搶
去槍枝子彈懇准核銷並飭縣拿究祈鑒核示遵由

指令准備案，並令縣嚴緝究辦。

（丙）關於財政者計二件

（一）湖南省政府魯主席儉電為湘省煙酒事務局局長以
李家白為正劉文煒為副業經遵令轉飭知照詎劉文煒以未
奉部令為詞委派各縣分局長停止舊員徵收請速電財部制

止並飭就副局長職以一事權由

送財委會。

（二）湘岸准商公所請願書為鹽稅項下所欠新舊債務奉令自七月一日起停止抵還一案有種種勢難遵令情形懇飭湘省政府收回成命仍照契約履行以蘇商困由

送財委會。

（丁）關於民政者計一件

（一）第四集團軍總司令部函為據綏遠各法團電稱該區連年災禍且遇大旱懇廣賜募款賑救災黎一案請核辦由

俟定有賑捐辦法再行辦理。

（戊）關於外交者計一件

（一）財政部宋部長函為湖北禁煙局呈報查緝私運煙土請轉函交涉一案已據該局分呈到部經函外部轉飭湖北交涉署嚴重交涉以肅煙政函覆查照由

送財委會。

（己）關於實業者計一件

（一）華商紗廠聯合會代表榮宗錦呈為棉花攙雜作偽妨礙紡織工程貶損對外信用請令飭省政府轉令各該產棉縣分切實剴諭嚴予取締以杜作偽而維棉業由

查舊案令湖北省政府。

（庚）關於教育者計二件

（一）國立武漢大學籌備委員會主任委員劉樹杞呈報該會於七月二十四日開成立會刊就木質印信啟用由

指令呈悉。

（二）前國立武昌中山大學醫科學生復科運動委員王典
義呈縷陳不宜創辦醫科專門學校理由懇設國立武漢大學
醫科大學以維學業而宏造就翹企待命由

令國立武漢大學籌備委員會核辦。

（辛）關於雜件者計六件

（一）中山日報社社長麥煥章呈為奉令接收前革命軍日
報公物機件一案迨裝置橡皮機時始發覺缺少重要機件
數種恐有人妒忌於未交之先故意藏匿以遂其破壞手段
除已責令該報點交人員何建民限期清查交出外呈報鑒
核令遵由

指令責令原經管人點交。

（二）王伯羣有電詢本會出席全國交通會議代表銜名暨
何日起程先電示由

電覆。

（三）湖南省政府委員會送到該會第十九次常會紀錄

存。

（四）財政委員會送到該會第五次常會議決案

存。

（五）湖北省政府送到該會第十三次政務會議議事錄

存。

（六）財政委員會送到該會第二次臨時會議議決案

存。

第十九次常會

議事日程——十七年八月十日（星期一）下午一時

（一）湖北電政管理局長呈為恢復粵漢快機直達電線請轉
　　　飭湘省政府大修湘境線路以利交通案（主席提出）

（二）保安儲煤股份有限公司籌備處蕭希賢等呈為萍煤
　　　滯銷擬組織公司及暫時維持辦法檢送組織大綱合
　　　同規則等件請鑒核指導並予備案（主席提出）

（三）本會出席交通會議人選案（主席提出）

（四）湖北省商聯會錄呈各商會關於整理金融提案請毅
　　　力主持分別施行案（主席提出）

臨時動議

（一）漢口中山日報社社長呈為湖北民國日報暨武漢市
　　　公安局懲教場函借印機考察情形可各酌借開鉛印
　　　機一部可否照行請示遵案（主席動議）

（二）宜昌關監督呈為統一稅收便捷辦事宜昌口內地稅
　　　局似應由其兼任請察核令遵案（主席動議）

提案理由並附件

（一）湖北電政管理局長呈為恢復粵漢快機直達電線請轉
　　　飭湘省政府大修湘境線路以利交通案（主席提出）

提案理由

據湖北電政管理局局長刁燦桂呈略稱查粵漢直達電線自
民七中斷，今已十年，所有往來要電以陸線繞道稽延，

多由洋公司水線轉遞，致利權外溢，損失無算。現軍事
將終，建設開始，粵漢政務商情互通聲氣，必日益繁夥，
恢復直達通電，實覺無可再緩。除函粵管理局轉呈廣州
政治分會令桂省修梧桂永路線外，其湘省永衡長岳逐段
路線應呈請轉飭湘省政府即時修復線路，以利交通等情。
應如何辦理之處，敬候公決。

原呈附後

呈為恢復粵漢快機直達電線，懇請轉飭湘省政府大修湘
境線路以利交通事。竊前准廣東電政管理局長梁式恆電
商恢復粵贛鄂三省原有粵漢快機直達電線一案，查贛境
路線太長，桿線損壞最多，一時不易修復，自應另籌辦
法，以期早日實現。經與粵管理局商洽，擬改由漢、長、
郴、衡、坪石、韶關以達廣州，程途稍近，辦理較易。
茲准粵管理局寒代電稱冬代電敬悉，敝局擬恢復粵漢電
報直達一案承示，擬改由韶關經坪石至衡州而達長沙，
雖較現擬經由梧、桂而至長沙為近，惟湘南一帶線路所
經宜、章、郴州各地匪風甚熾，線路毀壞頗多。況坪石
至郴州一帶，自去年被共匪破壞之後，郴、韶工作亦極
困難，而郴、衡、長各段想亦不大完好，究不若廣、梧、
桂、長各段之完善及保護之安全。且梧、桂加線業已請
准桂省照辦，似不宜再事變更，仍以繼續進行辦理梧、
桂、長一路為宜，務祈設法勸助，期早實現並盼見復為
荷等由。准此查粵漢直達電線自民七中斷後，今已十載，
未能修復，粵漢往年電報因陸線繞道稽延，多由洋公司

水線轉遞，利權外溢，損失無算，每念及茲，輒為心痛。現值軍事將終，建設開始，粵漢政務商情往來要電繁多，恢復直達通電實覺無可再緩。除函復粵管理局呈請廣州政治分會轉飭桂省政府速修梧州經桂林至永州線路外，其有湘省永、衡、長、岳逐段線路年久失修，損阻頻聞，軍興以後，毀壞尤多，擬懇鈞會轉飭湘省政府籌撥款料大修。湘境線路至鄂境，武昌至岳州係屬職轄境內，擬即設法籌修，以期暢通，似此分頭進行，較易集事。所有恢復粵漢快機直達電線，懇請轉飭湘省政府大修湘境線路以利交通緣由，理合備文呈請鈞會俯賜核辦批示遵行。謹呈中央政治會議武漢分會主席李。湖北電政管理局長刁燦桂。

（二）保安儲煤股份有限公司籌備處蕭希賢等呈為萍煤
　　　滯銷擬組織公司及暫時維持辦法檢送組織大綱合
　　　同規則等件請鑒核指導並予備案案（主席提出）

提案理由

據保安儲煤股份有限公司籌備處蕭希賢等呈略稱萍礦建設費在二千萬元以上，規模宏敞，組織完備，出產豐富，生活員工可五萬人。近因時局影響，設施困難，洪水斷橋，運輸停頓，漢冶萍總公司無力維持，產煤滯銷。員工為環境所迫，受共匪利用，不免流為盜匪，軍隊無法維護。故召集各團體機關聯席會議議決由蒞會人為發起人，籌備五十萬元，每小股酌定五元，組織公司儲售萍

煤。復與萍礦員工訂立合同，雙方簽字，各自遵守，在未勸募定額之先墊給員工火食，現已募集股款近六萬元，當能達到法定基本金額。茲因手續尚未合公司條例之時，自應將暫時維持辦法檢同組織大綱合同及暫時規則呈請鈞會鑒核指導，並請將籌備處准予備案等情。查此案該公司曾呈奉中執委會秘書處函開經據情批交農礦部，該部以事關重覆且未收到原擬暫時維持辦法，函復令飭呈核在案。茲該公司以手續尚未達到適合公司條例之時先呈本會請示指導等情，應如何辦理之處，請公決。

附錄原呈

呈為呈明維持萍礦辦法粘懇察核指導並准籌備處先行備案事。案奉中國國民黨中央執行委員會秘書處函開逕啟者前據瀝陳萍鄉煤礦出煤滯銷情形，擬招股組織保安儲煤股份有限公司代電一件。經奉批交國民政府農礦部，去後茲准復函略稱查該團長等因。礦煤滯銷，組合公司承銷事關重要，惟原代電所稱擬有暫時維持辦法，此項辦法本部並未接到，應請將該團長等所擬辦法併交本部，或飭逕行呈部以憑核辦等語。查此項辦法本處亦未接到，希查照將該項辦法逕呈農礦部為要等因，奉此竊萍礦之存亡關係地方之禍福，欲求治安之道須先決民生問題，若單純講求政治而不繼之以經濟，從事實上著手，雖欲治萬不可能。況吾國實業工廠漢冶萍實居其冠，就萍礦一部分而論其建設費在二千萬以上，規模宏敞，組織完備，出產豐富，可容納員工生活在五萬人。倘此項重要

工廠一旦傾敗而不為之設法救濟，不第萍鄉之安危所繫，即中國之實業前途亦不堪設想矣。近因時局變更，致使一切設施愈趨愈下，員工為環境所迫，共黨、土匪相繼利用，地方治安屢頻於危，軍隊維護深感困難。自漢冶萍總公司無力維持，在礦員工六千餘人均賴賣煤養活，近以煤產滯銷，無由接濟，艱苦狀況，難免不迫於為盜、為匪。在萍之軍政紳商各界雖欲計策萬全，終無善術可施。加以本年五月二十二日正計議間，天災人禍陡然突來，即運輸萍礦產煤主要之株萍路山泉暴漲，沖斷湘東橋樑後運輸停頓，為萍礦致命傷也，員工生計更陷絕境。產煤無易米之區，運輸無便捷之路，機礦若停毀銹，必至國家最大之生產機關不保，遑云他種建設事業。希賢等因即召集各團體各機關聯席會議，本先總理建國大綱第十二條之意旨權設救濟之方計，議決組合保安儲煤股份有限公司售萍礦產煤而維現狀，電呈政府印發宣言，公訂組織大綱，以為入手之依據。先設籌備處暫樹公司之雛形，股份每小股酌定五元，基金預擬五十萬元，比由蒞會人為發起人，先行認股，次第設施。旋與萍礦員工計立合同，雙方簽字，各自進行遵守，在未勸募額定之先墊給員工火食，凡在萍境募股，則隨募隨繳，已近六萬元，日漸增加，當能達到法定基本金額數，儲收產煤現已節節進行。希賢等當於籌備期內努力工作，茲因手續上尚未達到適合公司條例之時，先後接奉中國國民黨中央執行委員會秘書處函開查詢辦法各緣由，自應遵

將暫時維持辦法檢同組織大綱暨合同及暫時規則各件呈
請鈞會鑒核，懇乞指導併准籌備處先行備案，國產幸甚，
治安幸甚。謹呈武漢政治分會。蕭希賢、張豪、張樹韓。

（三）本會出席交通會議人選案（主席提出）

提案理由

本會出席全國交通會議代表人選曾於前次會議決定準備
議案派員出席，茲因時間迫促，擬派漢平鐵路局長黃士
謙攜帶本會所擬議案赴京與會。是否有當，敬候公決。

（四）湖北省商聯會錄呈各商會關於整理金融提案請毅
　　　力主持分別施行案（主席提出）

提案理由

據湖北省商聯會錄呈各商會關於整理金融提案，請毅力
主持分別施行，解除全鄂商民痛苦。其理由有三：（一）
中交漢行鈔票行使有年，獲利匪解，去歲乘機停兌，商
店倒歇，債務糾紛，迄難解決。查該行滬鈔仍在鄂地行
使，而漢行依然營業，獨對漢鈔故意停兌，應請政府揭
破黑幕，嚴令兌現。（二）中央銀行係國府設立漢口中
央銀行為其分行，現總行及其他分行均照常營業，自不
能獨令漢鈔作廢，以損中央威信。應請政府就中央稅收
機關特稅項下加抽償還，並由國庫券撥款收回。（三）
湖北官票向有確實基金，均係鄂人脂膏，計有地基三萬
七千餘方及紗布絲蓆四局、象鼻山礦產，實在二千萬兩

以上。以九萬串之官票，除由政府毀銷以及天災人事之無行銷滅外，所剩不過七千餘萬串，則每官票一張尚有二錢有奇之代價，應請以基金償還。政府無籌維之勞，有嘉惠之實，經由代表大會討論議決通過在案。事關金融信用，除分呈外理合連同各提案呈請鑒核施行到會，應如何辦理之處，請公決。

原呈附後

呈為呈請事。竊職會前召集各商會代表大會，會期內關於整理金融各案，沙洋商會提出者有整理中央中交鈔、國庫券案；鍾祥商會提出者有請政府令中交兩行赵日兌現，並妥籌收回中央庫鈔辦法案；武昌總商會提出者有請政府嚴令中交兩行照票額兌現，並在中央稅收機關加抽特稅，收回中央鈔票國庫券案；新堤商會提出者有催兌中交及國庫券案；天門商會提出者有請政府從速設法收兌中央鈔、國庫券，並派員會查漢口中交兩行先後發行票額，確數統籌兌現以紓商累案；宜都商會提會提出者有請求低幣兌現案；漢川商會提出者有請政府將去年民眾所存中央銀行之中交漢鈔及國庫券迅速償還現金案；漢口總商會提出者有請整理中央中交各鈔票暨國庫券，並湖北官錢票以維金融案。以上各案經大會決議指定代表組織審查查員會併案審查，旋據審查報告認各該案皆有充分理由，應請政府嚴屬施行，務求達目的而後已。

臚列論點三項：

（一）中交兩行鈔票行使有年，獲利匪鮮，自去歲乘機

停兌，施行欺騙手段，商店多因此而倒歇，貧民多因此而餓殍，且債務糾紛至今，均難解決，害民害國，罪狀昭然。查上海中交鈔票仍在鄂地行使，而漢口中交營業尚在，鈔票仍停不兌，究不知該行有何不兌之理，倘不從速兌現，是置鄂省人民於絕地矣。應請政府破中交銀行之欺騙黑幕，嚴令中交兩行兌現，解除鄂商之痛苦者，此其一。

（一）中央銀行係國民政府所設立漢口中央銀行，係一分行，其總行暨他處分行亦照常營業，自不能獨令漢行鈔票作廢，以損中央威信。再去歲當國庫券發行之初，政府諸公曾在漢口總商會演講，囑作現金行使，按期付息，決不欺騙人民，使受絲毫損失。曾幾何時，等於廢紙，置諸不問。應請政府於中央稅收機關在特稅項下加抽償還，維持中央鈔票以恢復信用，並將國庫券撥款收回，以拯全鄂人民於水火者，又其一。

（一）湖北官票鄂人受害尤烈，查官票尚有確實基本金存在，此項基金均係鄂人脂膏，撥調查所得地基三萬七千餘方及紗布蘇絲四局、象鼻山礦產，實超過二千萬兩以上。以九千萬串之官票，除由政府毀銷以及天災人事之無形損失外，其剩餘之數不過七千餘萬串，綜計之每官票一張尚有二錢有奇之代價，茲懇以基金償還，猶是以民眾之脂膏還諸民眾之身，政府無籌維之勞而嘉惠之實。應請政府從速維持，俾鄂民於九死一生之下稍獲補救者，又其一等語。在第九期大會提出報告，復經大

會討論無異照審查案議決通過在案。事關政府信用及鄂省金融命脈所繫，自非請鈞座毅力主持，不足以甦民困而慰全省人民之喁望，除分呈外，理合連同各提案備文呈請鑒核分別施行。謹呈中央政治會議武漢分會。常務委員呂超伯吳幹丞周星棠。

臨時動議

（一）漢口中山日報社社長呈為湖北民國日報暨武漢市公安局懲教場函借印機考察情形可各酌借對開鉛印機一部可否照行請示遵案（主席動議）

附錄原呈

呈為湖北民國日報暨武漢市公安局懲教場借用印機，懇請核奪事。竊屬社准湖北民國日報館函開因印報機器缺乏，殊感困難，特備函敬懇於最短期內將接收中央日報社機器內全開機器一架惠然給借，以便應用等因。又准武漢市公安局懲教場函開為授犯人以專門技能，使不再蹈故轍，故對各組工藝之發展不敢稍息，惟因創辦經費維艱，購備各組機件力所不逮。茲因貴社接收中央報社機件，用特函請貴社惠撥印刷圓盤機及四開平台各一件，鉛字若干盤以資應用等因。准此伏查屬社前奉鈞會令接收中央報社，機件亦僅資應用，茲該兩處函請借撥，因同為公益，按屬社現在機器情形可各酌借對開鉛印機一部。惟該項機件係奉鈞會令接收，可否借出屬社未敢擅專，為此理合將該兩處函請借撥情形及屬社現在機器情

形呈請鈞會核奪，究應如何辦理，伏乞指令祗遵。謹呈
中央政治會議武漢分會主席李。漢口中山日報社社長麥
煥章謹呈。

（二）宜昌關監督呈為統一稅收便捷辦事宜昌口內地稅
局似應由其兼任請察核令遵案（主席動議）

原呈附後

呈為統一稅政便捷辦事，宜昌口內地稅局似應仍由關監
督兼任，瀝陳管見仰懇俯賜察核批令祗遵事。竊翊東自
蒞任以來迭奉國府政治會暨鈞會訓令，兢兢以財政統一
劃除積弊為前題，圖治之殷昭於日月，祗奉之餘欣幸何
極。蓋當此國庫空虛民生凋敝之際，誠宜開源節流掃除
積弊，挽狂瀾於既倒，杜惡習於將來，擇善而從，與民
更始，此則翊東所夙夕引領低徊於不置也，謹以一得之
愚管見所及敢為鈞會陳之。伏查二五附稅自關稅會議後，
各處海關奉令實行俱收實效，考其原因蓋因與海關行同
車輔，唇齒相依，故能辦事敏捷，得收事半功倍之效耳。
宜昌舉辦事同一律開徵後，成績昭垂，嗣以駐軍非法改
絃更張，致滋紊亂，前局長陳信等聲名惡劣，物議沸騰，
稅率前途，殊堪浩嘆。今當國府暨鈞會嚴明整頓，力謀
財政統一之時，似應仍照前定部章，統由關監督兼辦，
庶幾事權一致，款不虛糜，順理成章，便捷輕利，裨益
稅收，良非淺鮮。管見所及，冒昧瀆陳所有宜昌口內地
稅局似應仍歸關監督兼辦，各緣由是否有當，理合具文

呈請鈞會俯賜鑒核批令祇遵，實為德便。謹呈中央政治會議武漢分會。宜昌關監督李翊東。

議決案

日　　期　十七年八月七日（星期二）下午一時

地　　點　本會

出席委員　張知本　胡宗鐸　張華輔　嚴　重

請假委員　白崇禧　陳紹寬　魯滌平　劉嶽峙　李隆建

主　　席　李宗仁出席五中全會，臨時公推張知本代主席

秘書長　翁敬棠

紀　　錄　李載民　謝遠湛

主席恭讀總理遺囑，宣告開會。

秘書長報告處理事務並執行第十八次常會議決各案經過。

討論議事日程

（一）湖北電政管理局長呈為恢復粵漢快機電線請轉飭
　　　湘省政府大修湘境線路以利交通案（主席提出）

議決：令湖南省政府籌劃辦理。

（二）保安儲煤股份有限公司籌備處蕭希賢等呈為萍煤
　　　滯銷擬組織公司及暫時維持辦法檢送組織大綱合
　　　同規則等件請鑒核指導並予備案案（主席提出）

議決：令湖南省政府查明具復以憑核辦。

（三）本會出席交通會議人選案（主席提出）

議決：照派漢平鐵路管理局長黃士謙代表本會出席全國交
　　　通會議。

（四）湖北省商聯會錄呈各商會關於整理金融提案請毅
　　　力主持分別施行案（主席提出）

議決：關於整理中交及中央鈔票令財政委員會核辦，關於
　　　整理湖北官錢票令交湖北省政府核辦。

臨時動議

（一）漢口中山日報社社長呈為湖北民國日報暨武漢市
　　　公安局懲教場函借印機考察情形可各酌借對開鉛
　　　印機一部可否照行請示遵案（主席提出）

議決：令中山日報社社長酌量撥借。

（二）宜昌關監督呈為統一稅收便捷辦事宜昌口內地稅
　　　局似應由其兼任請察核令遵案（主席提出）

議決：令交財政委員會查核辦理。

比較重要文件報告

武漢政治分會秘書處逐日處理公文書情形，除尋常事件
列入本會逐日辦事情形表外，茲將處理比較重要文件經
過分類列舉報告於左：

（甲）關於建設者計二件

　　（一）株萍鐵路管理局呈為該路關於煤類運價已呈交
　　部折衷規定但未奉部令以前未敢輕易請俯賜核奪由

電交通部迅予核定並指令。

（二）湘鄂鐵路管理局呈為該路加開快車懇通令各軍並佈告嚴飭遵守路章由

轉函第四集團軍司令部通令知照並指令。

（乙）關於財政者計八件

（一）財政部公函為准函其平輪私運煙土一案所有該輪水門汀煙土究係如何情形業令江蘇禁煙局查復核明飭遵函覆查照由

送財委會。

（二）財政委員會呈為駐湘軍費撥付一案遵查兩湖軍費照案係由四集團軍經理處統籌支配並遵案電飭駐長特務員經收稅款儘數撥交駐長經理分處支撥如有不敷仍由總部經理處統籌辦理呈覆鑒核由

轉令湖南省政府。

（三）卸湖南財政廳長李隆建呈賫該廳六月份收支表冊懇鑒核備案令遵由

送財委會。

（四）江漢關監督呈為關於限制現金出口辦法第二項載有上游各埠概無限制之規定湘省長沙及洞庭各口是否包括在內請示遵由

指令應包括上游各埠之內。

（五）江漢關監督呈為奉令發還曾森昌信局匯寄沙市現洋一案稅務司覆稱該信局等事前並未報請給單放行擬照私運貨物例提取二成充賞以示懲儆等情轉請示遵由

指令此次輸運現金既非違禁，自不能處罰，惟其事前未
經報請給單，是否違犯關章，應由該監督查例核辦。

（六）湘岸淮鹽公所宥代電為鹽稅項下所欠新舊債務
奉令自七月一日起停止抵還一案實難遵令懇飭湘省政
府收回成命仍照契約履行以蘇商困由

送財委會。

（七）湖南禁煙局呈陳辦理禁煙經過及困難情形懇示
遵由

送財委會。

（八）湖北禁煙局呈為遵令定期撤銷武漢煙館暨牌捐
局並擬定善後取締辦法乞示遵由

送財委會。

（丙）關於軍政者計五件

（一）湖南平江公民代表李家模呈為該縣暴徒煽動兵
變踞城焚殺乞速派隊會剿由

轉送第四集團軍司令部，並令湖南省政府。

（二）衡陽軍械局原動機課對於該局改辦民生工廠具
陳重覆計劃呈送計劃書由

轉令湖南省政府核辦。

（三）海軍總司令部函覆萍壽萍達兩輪現仍在該部供
差該委員會所稱售與德華洋行並非事實請查照由

函覆仍盼發還，並指令湖北省政府。

（四）第八軍長吳尚呈為遵令撤減部隊將現有全軍每
月應領經費數目分別列表呈請備案令遵由

指令嘉勉。

（五）湖北省政府呈請轉請海軍司令部迅將差借清理漢冶坪湖北債捐委員會運輸處所管豐萍等六輪及鋼駁九艘發還該處祈鑒核施行由

函轉海軍總司令部並指令。

（丁）關於民政者計三件

（一）開明實業公司呈報該公司工人滋擾情形請迅予保護並轉飭公安局嚴拘主使正犯法辦至對工人承認每名另給津貼四元係被脅迫請依法取銷由

令湖北省政府轉令建設廳核辦。

（二）株萍鐵路員司袁貽慶代電為局長劉競西盡心局務反受蕭團長慫恿不肖員工仗勢搗亂請分懲辦由

令湖南省政府併案查明辦理。

（三）甘肅省政府電為該省亢旱兼以匪患災情甚重請捐募鉅款嘉惠災黎由

先電復再籌募捐。

（戊）關於實業者計一件

（一）旅鄂湖南岳臨茶葉商會呈為痛陳茶行積弊懇令剷除依法究辦以甦商困由

令湖北省政府轉令建設廳核辦。

（己）關於司法者計一件

（一）湖南省政府呈奉令查辦劉赤等控前耒陽縣長謝河清苛索一案經將案內曹湘屏王揆一拿交法庭訊辦呈復鑒核由

指令仍仰認真辦理以肅官方而儆貪墨。

（庚）關於外交者計二件

（一）外交部長王正廷陷電為本國全權代表宋子文與美國全權代表馬克謨簽訂中美關稅新約內容係適用關稅完全自立原則特電奉聞由

電復。

（二）外交部沁電電達美國政府已令駐華美使準備與國民政府所派代表會議修改條約由

存。

（辛）關於教育者計一件

（一）前湖北私立法科大學校長龍天楨呈請撤銷共黨非法命令援例發還原有校址或酌撥校舍以便繼續辦理由

令湖北省政府轉令教育廳核辦並批。

（壬）關於雜件者計五件

（一）第四集團軍前敵總指揮部後方副官處函為圖書編印館借用楊森花園一案須電請總指揮示遵由

函知圖書編印館麥、汪兩籌備員。

（二）前湖北私立法政大學校長龍天楨呈建議改烈士祠為孫公祠由

轉送大學院核辦並批。

（三）湖南省政府呈報接收前湘鄂臨時政委會情形先將收支總表賚呈備案至公款數目是否相符俟審查完竣另行呈報由

送財委會。

（四）湖南省委會第二十次常會紀錄

存。

（五）湖北省政府第三十一次政務會議議事錄

存。

第二十次常會

議事日程——十七年八月十日（星期五）

（一）湖南省政府主席呈具湖南全省地方自治籌備處組織
　　　大綱及進行計劃請鑒核示遵案（主席提出）

（二）財政委員會呈據湖北禁煙局呈報奉財部令各省禁煙
　　　行政事務統歸省政府核抄附辦全國禁煙會議及禁
　　　煙委員會組織條例請鑒核示遵案（主席提出）

（三）漢口中山日報社長呈為贖回印報捲筒機無從裝置請
　　　示遵案（主席提出）

（四）武漢圖書編印館發行印刷兩部組織規則及辦事細則
　　　均經審查完畢提出會議議決案（主席提出）

臨時動議

（一）據本會秘書長報告派員調查漢口中山日報社建造安
　　　置印報捲筒機房及開支經費情形案（主席動議）

提案理由並附件

（一）湖南省政府主席呈報擬具湖南全省地方自治籌備
　　　處組織大綱及進行計畫請示遵案（主席提出）

提案理由

據湖南省政府主席呈報稱該省目前根本要務厥為籌備自
治，現在酌定一年以內最低限度行政大綱首先注重地方
自治，經第十四次省政府會議議決設立湖南全省地方自
治籌備處，推定曾委員繼梧為籌備處長，茲據擬具自治

籌備處組織大綱及進行計畫書，復經第十九次常會議決
照案通過，分呈中央及本會鑒核備案等情到會。應如何
指示之處，請公決。

附湖南全省地方自治籌備處組織大綱

湖南全省地方自治籌備處進行計畫書

組織大綱

第一條　本大綱在中央未頒布地方自治條例以前，依照湖
　　　　南省政府委員會第十四常會議決案訂定之。

第二條　湖南全省地方自治籌備處處長由省政府委員會推
　　　　舉委員一人兼任之。

第三條　湖南全省地方自治籌備處為集思廣益起見設立研
　　　　究委員會，其委員名額暫定十五人至二十一人由
　　　　處長聘請之。

第四條　湖南全省地方自治籌備處設主任秘書一人、秘書
　　　　二人、總務科科長一人、調查科科長一人、訓練
　　　　科科長一人，由處長呈請省政府委任之。一等科
　　　　員五人、二等科員五人、三等科員三人，由處長
　　　　委任之。

　　　　各科辦事員及書記員得視事務之繁簡臨時僱用。

第五條　處長總理對內、對外一切事宜。

第六條　主任秘書承處長之命，草擬重要文件並助理處務。

第七條　總務科長承處長之命、主任秘書之指導，督同科
　　　　員掌理會計、庶務、收發、管卷、監印、校對及
　　　　不屬於他科事項。

第八條　調查科長承處長之命、主任秘書之指導，督同科
　　　　員掌理調查、統計、編纂一切事項。

第九條　訓練科長承處長之命、主任秘書之指導，督同科
　　　　員掌理宣傳、訓練一切事項。

第十條　湖南全省地方自治籌備處經費須編定預算，呈由
　　　　省政府核定開支。

第十一條　湖南全省地方自治籌備處俟地方自治普遍實施
　　　　　後即行撤銷。

第十二條　本大綱如有未盡事宜，得呈請省政府修改之。

進行計畫書

地方自治難，籌備地方自治尤難。蓋現值訓政開始，一切
法令中央尚未製定，關於地方自治如何實施，除總理建國
大綱第八條載有訓政時期政府當派曾經訓練考試合格之員
到各縣協助人民籌備地方自治各語外，無條文可資遵守。
吾湘一般民眾對於自治二字向無深切認識，應如何提攜協
助，俾上自治軌道，必事實與理論雙方顧全。茲就管見所
及分述如左：

第一期以十月為期，注重省內之調查，旁及省外、國外，
至自治人才之訓練、自治意義之宣傳、自治規章草擬亦應
積極推行。

第二期以八個月為期，完成第一期未了事項，成立各縣自
治籌備處，整理團防以資警衛，指定縣份提前試辦。

第三期以一年為期，完成第二期未了事項，成立各縣自治
機關，普遍試辦，精密考成後撤消籌備處。

（二）財政委員會呈據湖北禁煙局呈報奉財部令各省禁
　　　煙行政事務統歸省政府核辦附抄全國禁煙會議及
　　　禁煙委員會組織條例請鑒核示遵案（主席提出）

提案理由

據財政委員會呈稱據湖北禁煙局呈奉財政部令奉國民政
府令開查全國禁煙會議組織條例及禁煙委員會組織條例
業經公布施行，應轉所屬一體遵照等因。茲奉頒布前項
條例既以委員會為執行機關，而措置及處分又均有由會
指導督促之明文，是禁煙政策因時制宜，酌量變更，其
禁煙行政事務亦隨時移轉，應遵照兩項條例，限於七月
底一律截止，統歸省政府接辦以清權限。並將所徵款項
截至七月三十一日為止掃數解部，八月一日以後禁煙事
務即秉承省政府核辦等因。茲抄呈條例二份呈請鑒核示
遵到會，應如何飭令移交辦理之處，請公決。

附原呈及條例二份

呈為陳報事。案據湖北禁煙局局長轟洸呈稱案奉財政部
第三三六五號訓令開案奉國民政府第三六號訓令開查全
國禁煙會議組織條例及禁煙委員會組織條例均經本府制
定明令公布，應即通飭施行，除分令外合亟頒發該條例
令仰遵照，並轉所屬一體遵照等因。奉此查各省煙禁前
經本部遵照國民政府修正禁煙條例，於各省設局辦理在
案。茲奉頒布前項條例，既以委員會為執行全國禁煙事
務之機關，而第四條規定各省及特別市政府之禁煙措置
及其處分又均有由會指導督促之明文，是禁煙政策業已

因時制宜，酌量變更，其禁煙行政事務亦即隨時移轉。所有本部原辦各省禁煙應即遵照最近兩項條例限於七月底一律截止，統歸各省政府接辦，以清權限。除呈報國民政府暨分函各省政府查照外，合行抄同兩項條例，令仰該局即便遵照，迅將所徵款項截至七月三十一日為止掃數解繳本部核收，其該局已未用過印花單照及文卷物品等項一律造具清冊二份分呈本部及省政府查核。其八月一日以後之禁煙事務即秉省政府核示辦理為要，此令等因，附抄發條例二份。奉此理合呈請鑒核備案等情，附抄成條例二份。據此理合具文並照錄條例呈請鈞會鑒核指令祗遵，實為公便。謹呈中央政治會議武漢分會。計錄呈全國禁煙會議組織條例及禁煙委員會組織條例各一份。中央政治會議武漢分會財政委員會委員張知本、白志鵰、張難先、劉嶽峙、曾天宇。

全國禁煙會議組織條例

第一條　國民政府為厲行禁煙，討論澈底禁絕辦法，特組織全國禁煙會議。

第二條　本會議由左列各項會員組織之：

　　　　一、中央禁煙委員會委員

　　　　二、各省政府代表各一人

　　　　三、各特別市代表各一人

　　　　四、各最高軍事長官代表各一人

　　　　五、禁煙團體代表各一人

　　　　六、各省總商會代表各一人

第三條　本會議設正副主席各一人，由國民政府指定之。

第四條　本會議舉行於首都。

第五條　本會議每年開會一次或二次，由國民政府定期
　　　　招集之。

第六條　本會議須於會員三分一以上之報到，始得正式
　　　　開會。

第七條　本會議每次開會之會期依提案之多寡酌定之，
　　　　但至多不得逾二十日。

第八條　本會議之討論事項之範圍如左：

　　　　一、國民政府交議之案

　　　　二、禁煙委員會提出之案

　　　　三、本會議會員提出之案

　　　　四、社會團體及人民對於禁煙之建議，經會員
　　　　三人以上之連署介紹者

第九條　本會議議決之案呈由國民政府核交禁煙委員會
　　　　執行之。

第十條　本會議置秘書長一人、秘書二人至四人、事務員
　　　　若干人組織秘書處辦理本會議一切事務。

第十一條　本會議議事規則及辦事細則另定之。

第十二條　本會議京外各代表除往返川資由各該機關或團
　　　　　體自行擔任外，會期內膳宿等由本會議招待之。

第十三條　本條例自公布之日施行。

禁煙委員會組織條例

第一條　禁煙委員會承國民政府之命執行全國禁煙事務，前項所稱之煙包括鴉片、嗎啡、高根、安洛因及其他合質料而言。

第二條　本會設委員九人至十三人，由國民政府就左列各員選派之：

甲、國民政府委員

乙、軍事委員會委員

丙、禁煙團體代表

內政、外交、司法各部部長為當然委員。

第三條　本會設立主席委員一人、常務委員二人至四人，由國民政府於委員中指定之。

第四條　本會對於各省及特別市政府之禁煙措置及其處分得指導並督促之，認為違背法令或失當時，呈請國民政府變更或撤銷之。

第五條　本會設秘書處，置秘書長一人、秘書一人至四人、幹事若干人，承主席委員與常務委員之命辦理會內一切事務，秘書長由本會呈請國民政府任命，其他職員由本會任用之。

第六條　本會為繕寫文書及辦理雜務得酌用雇員。

第七條　本會辦事細則另定之。

第八條　本條例自公布之日施行。

（三）漢口中山日報社長呈為贖回印報捲筒機無從裝置 請示遵案（主席提出）

提案理由

據漢口中山日報社長呈准武漢衛戍醫院函以老圍前面房屋現住傷病士兵甚多，一時無地可遷，奉准暫緩遷讓。查贖回印報捲筒機經鈞會議決在案，現該機欠款已付，一部可以提歸裝置，而棧租又於本月五號屆滿，請鑒核令遵等情。應如何辦理之處，敬候公決。

附錄原呈及抄件

敬呈者。頃接武漢衛戍醫院函開查貴社函請司令部轉飭遷讓老圍前面房屋一案，當以該屋內現住傷病士兵甚多，一時無地遷移，呈奉司令部副字第三五四三號指令內開准予暫緩遷讓等因，奉此相應錄令函達貴社，即希查照為荷等因。附抄件。准此查贖回印報捲筒機一案原係鈞會議決在案，現該機欠款已付，一部可以提歸裝置，且棧租又於八月五號屆滿一月，究應如何辦理之處，理合備文抄錄該醫院附件，呈請鈞處鑒核令遵，是為公便。謹呈中央政治會議武漢分會。附抄件一紙。漢口中山日報社社長麥煥章。

抄件

武漢衛戍司令部指令——副字第三五四三號

令衛戍醫院院長郭香亭。呈一件呈復湖北民國日報館及中山日報社請飭讓老圍前面房屋一案，應否遷移或少緩讓與，乞示遵由。呈悉准予暫緩遷讓，仰即知照。此令。司令胡宗鐸。

（四）武漢圖書編印館發行印刷兩部組織規則及辦事細
　　　則均經審查完畢提出會議議決案（主席提出）

提案理由

據本會秘書長報告武漢圖書編印館第二次籌備會議議決
情形，除武漢圖書編印館組織條例並編譯部組織編譯及
編譯員聘任待遇各規則業經修正，通過提出本會第十八
次常會議決外，其餘發行、印刷兩部組織規則及辦事細
則前經交由本會秘書處審查，現已完畢，相應提出會議，
敬候公決。

武漢圖書編印館發行部組織規則

第一章　總則

第一條　本部依武漢圖書編印館組織條例第六條規定專
　　　　司發行武漢政治分會及本館編印之各種刊物，
　　　　並關於營業上一切事務。

第二條　本部除前條規定外得兼售其他各種刊物（如國民
　　　　黨黨義、文藝、科學及私人有價值之作品等）。

第二章　組織

第三條　本部設主任一人，掌理全部一切事務。

第四條　本部分設營業、會計、保管、交際四股，承主
　　　　任之命分理各科事務。

第五條　各股設置職員如左：

　　　　（一）營業股股長一人、營業員八人

　　　　（二）會計股股長一人、會計員二人

　　　　（三）保管股股長一人、保管員一人

（四）交際股股長一人、交際員一人

第六條　各股外另設事務員。

第七條　營業股設練習生二人至四人，以招考充之。

第三章　職掌

第八條　營業股掌理發售書籍並其他業務事項。

第九條　會計股掌理款項出納及收支統計事項。

第十條　保管股掌理書籍保管及檢查登記事項。

第十一條　交際股掌理本部營業上對外一切交涉及接洽等事項。

第十二條　事務員辦理本部一切雜務。

第四章　獎懲

第十三條　本部職員在規定工作時間內不得擅離職守，如有事故須先行陳明請假，否則以曠職論。

第十四條　本部職員有左列情形之一者，由主任按其情節予以處分：

一、懈怠職務放棄責任者

二、營私舞弊或其他不道德行為致妨害本館名譽或蒙重大損失者

第十五條　本部職員勤慎供職滿三年者，得按本館獎勵法規定獎勵之。

第十六條　本館業務發展得在盈餘項下酌提成數為各職員酬勞金。

第十七條　給予酬勞金依本館獎勵法之規定，於年終行之。

第五章　會議

第十八條　本部每星期日上午十時開部務會議一次，各
　　　　　股股長聯席討論一切進行事宜。

第十九條　各股每星期六下午二時開股務會議一次，由
　　　　　各股股長及職員列席討論本股一切進行事宜。

第二十條　本部如遇有重要事故，得由主任召集臨時
　　　　　會議。

第六章　附則

第二一條　本部辦事細則另定之。

第二二條　本規則如有未盡事宜，得隨時修改之。

第二三條　本規則自公布日施行。

武漢圖書編印館發行部辦事細則

第一條　本部營業時間上午八時至下午六時，六時後至
　　　　九時以營業員二人每日輪流值班。

第二條　各股職員辦公時間均依營業時間之規定，但六
　　　　時後至九時則由值班員負責。

第三條　發售書籍應依本部劃定之價碼，營業員不得自
　　　　由增減。

第四條　批發價目如何折扣應依批發章程行之。

第五條　營業員收進貨價應隨時交與司賬員。

第六條　司賬員每日收入營業款項應隨時登記，並於晚
　　　　間結算清楚彙交會計股長保管。

第七條　本部發票用複寫二張，分別交給顧客及存根。

第八條　各股間關於貨物銀錢之授受應各有相當之憑據。

第九條　洋錢漲跌及鈔票貼水均按市價，不得岐異。

第十條　營業股應備之表格

（一）營業日報表

（二）營業旬報表

（三）營業月報表

第十一條　會計股應備之表格

（一）款項日報表

（二）款項旬報表

（三）款項月報表

第十二條　各股表格均報告於主任。

第十三條　保管股對於印刷部貨物之收進及營業股之發出，除登錄簿記外，每月應造具統計表格報告於主任。

第十四條　本部接受印刷部交來貨物，由保管股隨時登記並掣給回單。

第十五條　本部所用各種簿記表冊應完善整齊，不得有塗改或不清晰之弊。

第十六條　營業員對於顧客必須和平接待，不得傲慢。

第十七條　交際股對外接洽事件須隨時報告於主任及其他股長。

第十八條　本部經常開支由會計股經理之，倘有特別費用，由主任簽字方可支付。

第十九條　本部營業收入款項每一個月造具統計表，分別呈報。

第二十條　本部星期日不休假，但國慶日、紀念日及年
　　　　　節照例休業。

第二一條　本細則如有未盡事宜，得隨時修改之。

武漢圖書編印館印刷部組織規則

第一章　總則

第一條　本部依武漢圖書編印館組織條例第五條規定，專
　　　　司印刷政治分會及本館一切刊物。

第二條　本部除前條規定外，得兼營其他各種印刷業務，
　　　　並謀其發展。

第二章

第三條　本部設主任一人，掌管全部一切事務。

第四條　本部設左列各課股，承主任之命，分理該管事
　　　　務。各課股列表如下：

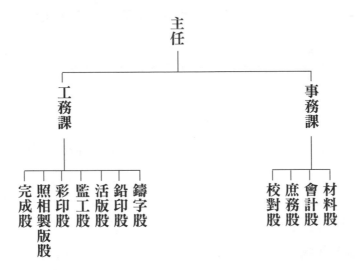

第三章

第五條　各課職掌如左：

甲、事務課設課長一人、課員一人，辦理本課一切事件。

（一）會計股設股長一人、股員一人，辦理本部款項出入、發放工資及登記賬目等事項。

（二）庶務股設股長一人、股員一人，辦理本部一切雜務並清潔衛生事宜。

（三）材料股設股長一人、股員一人，專司材料出納並負保管之責。

（四）校對股設股長一人、股員二至四人，專司勘校稿件並負糾正排印錯誤之責。

乙、工務課設課長一人、課員二人，負本部印刷工務全責。

（一）監工員二至四人，承課長之命，管理各股工友並負考核勤惰之責。

（二）活版股設領工一人、工友若干人，另附刻字工友數人專檢字、排版事務。

（三）彩印股設製版師一人、繪畫師一人、領工一人、工友若干人，專司繪畫、製版、印刷一切工作。

（四）照相製版股設領工一人、工友若干人，專司照相製版事宜。

（五）鑄字股設領工一人、工友若干人，專司澆鑄鉛字、鉛條及打紙版等事。

（六）鉛印股設領工一人、工友若干人，專司鉛印工作。

（七）完成股專司切紙、裝璜，一應裝訂完成事件。

第六條　本部各股工廠得酌招藝徒若干人，並雇用工役若
　　　　干人。

第四章　獎懲

第七條　本部職員在規定工作期間內不得擅離職守，如有
　　　　事故須先行陳明請假，否則以曠職論。

第八條　本部職員如有左列情形之一者，由主任按其情節
　　　　予以處分：

　　　　一、懈怠職務放棄責任者

　　　　二、營私舞弊或其他不道德行為致妨害本館名
　　　　譽或蒙重大損失者

第九條　本部職員勤慎供職滿三年者，得按館獎勵法規定
　　　　獎勵之。

第十條　本館業務發展得在盈餘項下酌提成數作為各職員
　　　　酬勞金。

第十一條　給予酬勞金依本館獎勵法之規定，於年終
　　　　　行之。

第五章　會議

第十二條　本部每星期日上午十時開部務會議，各課課
　　　　　長、股長聯席討論一切進行事宜。

第十三條　各課每星期六下午二時開股務會議一次，由
　　　　　各股股員列席討論本股一切進行事宜。

第十四條　本部遇有重要事故，得由主任召集臨時會議。

第六章　附則

第十五條　本部辦事細則另定之。

第十六條　本規則如有未盡事宜，得隨時修改之。

第十七條　本規則自公布日施行。

武漢圖書編印館印刷部辦事細則

第一條　本部主任負責管理印刷方面全部責任。

第二條　辦事時間自上午八時起至十一時止，十二時起至下午六時止，但工作緊迫時得延長之。

第三條　本部接受編譯部交印之件，應即由工務課填明發刊通知單連同原稿發交各房領工依式排印。

第四條　本部印成書籍隨時登記，送至發行部掣收回印，以便查考。

第五條　工務課應將每日整個工作情形填具工作日報表，月終時應造具工作月報表、出品統計表呈送主任查核。

第六條　本部一切應用材料由主任派專員採辦，交材料股備用。

第七條　所有印刷需用材料應由工務課填寫領取證，由材料股領取，俾便考查。

第八條　本部材料股應將進出材料按日填具日報表，以憑查考。

第九條　本部所屬各股工廠每日工作情形應由領工或負責人填具日報表，呈報工務課轉呈主任查核。

第十條　本部各課職員及所屬各股工友如因事請假時，須填明請假單由股長或領工簽字證明，陳由課

長核准後方能外出。但職員請假在七日以上者，
應轉呈主任核准。

第十一條　本部所屬各股工廠管理規則另定之。

第十二條　本部職工懲獎條例另定之。

第十三條　本細則自公布日施行。

臨時動議

（一）據本會秘書長報告派員調查漢口中山日報社建造
　　　安置印報捲筒機房及開支經費情形案（主席動議）

據本會秘書長報告，第十八次常會議決漢口中山日報社
社長麥煥章呈報辦理贖回印報捲筒機經過情形及以後應
支各款造表，請鑒核令遵並懇令行衛戍司令部將衛戍
病院遷移以便裝置案，議決交由本會秘書處派員查明核
辦，當派股長孟壽椿前往調查。茲據調查呈覆略稱老圍
附近有房屋一所，門上署有衛戍司令部病院字樣，該
房先為五十六師炮兵團駐紮，該團出發後衛戍病院即
遷入，並調查該房係由袁瑞泰營造廠承修，與民國日
報前後訂有合同三紙，工料合計為九千四百三十六兩
四錢又洋五百三十六元五角七分，除已付七千元合銀
四千九百八十五兩外，尚欠四千四百五十一兩四錢及大
洋五百三十六元五角七分。按調查所得可注意之點凡
三：（一）與袁瑞泰營造廠訂立合同者係民國日報而非
正義報。（二）該房工程已完成者尚未及半。（三）中
山日報原呈稱除付下欠七千七百兩，與袁瑞泰所稱只欠

四千四百五十一兩四錢及洋五百餘元之數不符，此因該
報不知該屋第二排於訂立合同時即停修，未在原包價內
減去應減之二千五百九十六兩，以致相差懸殊。但即減
去此數，仍與該商所具之清單數目相差約千元，據該報
稱係該商請求補加損失之數，又該報附呈開支一覽表所
列旅費、裝置、工資、材料、雜用諸項係根據合同計算，
至搬運費三百六十元一項則係該報自行估計各等語。除
令該員再行查明民國日報與該營造廠訂約建造情形外，
理合先行報告，又復據該社長麥煥章呈以印機之贖回及
裝置支出庫款為數甚巨，請派員會同交涉及監督各等情
合併提出會議，應如何辦理之處，敬候公決。

議決案

日　　期　十七年八月十日（星期五）下午一時

地　　點　本會

出席委員　張知本　胡宗鐸　張華輔　嚴　重

請假委員　白崇禧　陳紹寬　魯滌平　劉嶽崎　李隆建

列席人　湖南省政府委員建設廳長劉召圍

　　　　漢口中山日報社社長麥煥章

主　　席　李宗仁出席五中全會，臨時公推張知本代主席

秘書長　翁敬棠

紀　　錄　李載民　謝遠湛

主席恭讀總理遺囑，宣告開會。

湖南省政府委員建設廳長劉召圃報告該省自省政府成立後兩月來之設施，並關於剿匪清共及民政、財政、建設、教育各項情形甚詳，詞長不及備錄。

中山日報社社長麥煥章報告贖回印報捲筒機及如何裝置情形。

秘書長報告處理事務並執行第十九次常會議決各案經過。

討論議事日程

（一）湖南省政府主席呈具湖南全省地方自治籌備處組織大綱及進行計劃請鑒核示遵案（主席提出）

議決：准予備案，仍候中央核示遵辦。

〔編註：一案撤銷，未錄其內容。〕

（二）財政委員會呈據湖北禁煙局呈報奉財政部令各省禁煙行政事務統歸省政府核辦附抄全國禁煙會議及禁煙委員會組織條例請示遵案（主席提出）

議決：由禁煙局與省政府商洽接收辦法。

（三）漢口中山日報社呈為贖回印報捲筒機如何裝置請示遵案（主席提出）

議決：候查明從前地址辦理。

（四）武漢圖書編印館發行印刷兩部組織規則及辦事細則均經審查完畢送請核批案（主席提出）

議決：准予備案。

臨時動議

〔編註：一案暫不公佈，未錄其內容。〕

（一）據本會秘書長報告派員調查漢口中山日報社建造
安置印報捲筒機房及開支經費情形案（主席動議）

議決：併入第三案辦理。

比較重要文件報告

武漢政治分會秘書處逐日處理公文書情形，除尋常事件
列入本會辦事情形表外，茲將處理比較重要文件經過分
類列舉報告如左：

（甲）關於建設者計三件

（一）湖南建設廳呈為提撥庚款一部完成粵漢鐵路中
段前經省府常會議決設法完成茲奉該府發交湖南鐵路
協會委員文斐等為此案舉出理由不為無見鈔同原電請
察核施行由

指令已轉送交通部。

（二）襄花南段汽道股東代表呈為該路係屬民辦後由
政府委任局長改歸官辦法益被侵提出先決問題懇納容
批示由

令湖北省政府，並批。

（三）財政委員會呈為武漢電話局呈請擇要購置機料
一案造列價目比較表並檢同原呈請察核由

令武漢電話局，並指令。

（乙）關於財政者計十一件

（一）湘鄂鐵路局呈為湖南第一紗廠請求免費運棉一
案難以照辦請批飭湘財廳轉行該廠仍應照章繳費由

轉令湖南省政府，並指令。

（二）湖北商聯會呈據各商會代表關於印花提案轉請
分別整理嚴飭主管機關撤懲承辦員之違法舞弊由

送財委會。

（三）萍礦局長呈懇咨財部對於釐稅二項祇徵其一如
祇完釐不完稅請逕令長關稅務司取銷成案俾得減輕負
擔由

送財委會。

（四）漢口永興商輪公司呈為遵章報驗並無抗稅衝關
懇派員調查轉知湘財廳解除誤會免去重徵由

送財委會。

（五）湖南財政廳長呈請令飭湘岸榷運局將該省鹽稅
項下附加教育路股兩費照舊徵解省庫並懇准由教育經
費項下暫時撥充清鄉軍費候令遵由

送財委會，一面先行指令。

（六）長沙總商會東電為湘政府清算淮商債務停止清
償所欠商債並將已收之款下令由商鹽拍賣退出懇電令
湘政府收回成命由

送財委會。

（七）湘岸淮商公所東電為湘財委會清算淮商債務尚
未明白遽派員發賣商鹽懇轉電收回成命由

送財委會。

（八）第四集團軍函請飭財委會令江漢口內地稅局對於第三集團軍採運處由漢運晉軍用品酌予免捐由

送財委會。

（九）財委會秘書處送到關於本會交辦文件週報三紙

（十）湖南省政府財政廳呈為減薪撥充北伐費一案因該省財源短絀委無扣薪餘款可以繳解請念特別情形免予繳解候示遵由

送財委會。

（十一）湖南建設廳呈為前省政府議撥長岳關帶徵湖北堤工附加捐款作長沙環城馬路經費一案因該附捐已經內地稅局解作他項用途並未領分文呈覆查核由

轉令湖北省政府，並指令查明何項用途具覆。

（丙）關於軍政者計三件

（一）副軍長兼第一師長向成傑江電為川軍領袖霸佔稅收干涉行政懇派重兵澈底解決由

抄轉第四集團軍原電，應由電局轉南京李主席行轅。

（二）會同旅常公民呈控該縣駐軍師長陳漢章姦淫擄掠擅殺受賄請令湘省政府派兵勦滅由

令湖南省政府查明核辦，並批。

（三）襄樊各法團及旅漢難民代表東電為該縣被南路軍張萬信田春生斂財姦淫劫奪焚殺懇設法撫綏由

函第四集團軍，並批。

（丁）關於民政者計二件

（一）株萍鐵路工警呈為上被朦蔽下受摧殘請將劉局

長撤差究辦由

令湖南省政府併案嚴查。

（二）漢口保安聯合會呈請飭襄陽電報局或縣公署如遇襄河一帶水漲即照例逕電該會俾得預防危險由

令湖北省政府轉飭襄陽縣，並電政管理局轉飭查照辦理。

（戊）關於實業者計一件

（一）湖北省政府呈為武昌第一紗廠全體工人請飭早日開工一案據該廠復稱正在設法籌款進行乞飭工人靜候開工請鑒核由

據呈批示該工人靜候開工，並指令仍轉飭迅速進行。

（己）關於雜件者計九件

（一）中央執委會支電為楊德甫偽稱奉中央令組織漢平路特別黨部請查辦由

令漢平路局查覆。

（二）三十五軍軍長世電擁護五中全會望各界一致匡助由

存。

（三）財政委員會送到第六次常會紀錄

存。

（四）湖北省政府送到第三十二次政務會議議事錄

存。

（五）湖北省政府送到第三十三次政務會議議事錄

存。

（六）湖南省政府委員會送到第二十一次常會紀錄

存。

（七）湖南省政府委員會送到第二十二次常會紀錄

存。

（八）湖南省政府委員會送到第五次臨時會議紀錄

存。

（九）湖南省政府呈賚該省民政財政教育建設等廳及

秘書處組織條例請核准示遵由

交郭秘書審查，俟審查畢再行指令備案。

第二十一次常會

議事日程——十七年八月十四日（星期二）下午一時

（一）擬向政府建議整理漢冶萍公司案（主席提出）

（二）整理湘鄂株萍兩路及增進萍冶煤鐵運輸事業案（主席提出）

（三）湖北電政管理局呈電線迭次被竊擬定各縣長保護考成及各鎮團保賠償條例請鑒核案（主席提出）

提案理由並附件

（一）擬向政府建議整理漢冶萍公司案（主席提出）

提案理由

漢冶萍公司為吾國第一重要實業，自創辦以來迄今三十餘年，資產金值為國幣六千餘萬，負債數目為日金四千餘萬，誠使善為經營，不患無發達之希望，徒以在事諸人罔利營私，損公肥己，遂至受病日深，已陷於停廢之境。現在國民政府有清理漢冶萍公司委員會之設，用意甚善，但日久尚無具體計劃見之施行。本會對於該公司所經營之事業，認為與兩湖地方有切要之關係，擬向政府建議如左：

> 第一、該公司全部資產應即收歸國有切實整頓，其各股東所有資本應仿照從前郵傳部收回電報商股辦法照股估計發還，或仿照膠濟庫券辦法，以該公司資產為擔保品發行國庫券若干萬，作為購收該公司各項資產之用，是為根本辦法。

第二、仍行維持現狀，所有該公司一切事業之經營
應悉聽各股東自決，而由政府施以嚴密之監督，凡
關於款項出納及資產變更事項均應盡量刊布，以杜
侵漁而彰公信，並嚴令該公司於定期內從速復業，
否則由政府宣布收歸國有，是為治標辦法。

以上兩款僅舉綱要，擬再由本會依據此項辦法另具詳細計
劃，送交該委員會核議辦理。是否有當，敬候公決。

（二）整理湘鄂株萍兩路及增進萍冶煤鐵運輸事業案
（主席提出）

提案理由

據協成煤礦公司經理何熙曾條陳湘鄂鐵路整理辦法及解
決漢冶萍煤鐵礦事業意見，並附陳株萍鐵路整理辦法各
等情到會，查核所陳不為無見，茲摘舉要點如左：

（一）關於湘鄂鐵路者，管理方面應積極整頓（如調度
車輛、增加行車速率、保護客商安全等事），設備方面
應積極籌措（如設備、貨站、碼頭、添購機車、車輛更換、
侏挪枕木等事），並主張由湘鄂鐵路之咸寧站敷設至大
冶支路以聯絡萍冶兩礦區，且為湘鄂本路營業發展之圖。

（二）關於萍冶煤鐵事業者，自大冶化鐵廠開爐以後，
漢陽鋼鐵廠已幾等於無關重要，故所謂漢冶萍問題者實
僅為萍冶之問題。欲圖萍鄉煤礦之發達，應延長株萍路
線進入未採之礦區，欲謀萍冶之聯絡，應敷設湘鄂之咸
冶支線。該支線全長不過百里左右，建築工款約二百餘

萬元，而通車以後，僅煤鐵運價兩項，每年已有百萬元
之收入。

（三）關於株萍鐵路者，株萍鐵路本已於去歲歸併湘鄂
兼管，而交通部又使分立，徒使兩路及礦商均增不便，
應仍舊合辦以收通力合作之效。

以上各款似均切當可採，擬由本會據情分達國民政府、
農礦、交通各部核議施行，是否有當，敬候公決。

（三）湖北電政管理局呈電線迭次被竊擬定各縣長保護
考成及各鎮團保賠償條例請鑒核案（主席提出）

提案理由

據湖北電政管理局局長刁燦桂呈稱據湖北全省電線工務
長函稱電政乃國家通信重要機關，於國於民均有密切關
係，查近日滬漢線之黃漢間、沙漢線之仙漢間、京漢線
之孝漢間，及孝感至德安、德安至沙洋，各路桿線迭被
竊毀，雖屢請各該縣長嚴緝竊匪，不但未破一案，且愈
竊愈甚，是地方官以無考成乃至漠視。今欲整頓竊案、
保護桿線，必須由各地方長官及各村鎮之負有地方之責
者互相維持，嚴令保護考成賠償專案通行各縣，實力奉
行，並擬具考成及賠償條例前來，理合呈請鈞會提出會
議通飭遵行等情到會。查電線關交通極為重要，固應設
法保護，但原擬辦法既多欠妥，且保護電線有無另訂特
別條例之必要，或定入各縣長考成條例之中。應如何規
定之處，鈞應詳加考查，再行酌定，請公決。

計原呈及擬訂條例

呈為電線迭次被竊，擬懇規定各縣長保護考成及各村鎮
團保賠償條例，謹據情轉呈仰祈鑒核施行事。案據湖北
全省電線工務長聞鍾元函稱竊維電政乃國家通信重要機
關，於國於民均有密切關係，凡屬桿線之損壞、線路之
阻滯障礙，皆有各主管人員負修整巡護之責，其有力之
不能及者，如防禦匪患、查緝竊犯，勢不能不仰賴於各
地方軍民長官及民眾等協助保護，庶使電政前途日臻良
善。試或竊線之事日日發生，則電線焉有整理之一日，
近如滬漢線之黃漢間、沙漢線之仙漢間、京漢線之孝漢
間，及孝感至德安、德安至沙洋，各路桿線迭被竊毀，
雖屢請各該管縣長嚴緝竊匪懲治，加意保護，不但未破
一案，並且愈竊愈甚，釀成習慣。其所以不能破案原因，
即由於有地方之責者歧視電政，以為與己毫無關礙，雖
永不破案亦無若何處分。即或上峰暨本管長官行文詰質，
遂以地方遼闊、路僻人稀，實在難以緝獲敷衍呈覆了事，
決不致因此種案件而得譴責之咎。假使各地方長官對於
電政定有保護考成，則遇案自能認真，斷無終不破案之
理。現值訓政期內，已建設者方期整理，未建設者尚欲
籌備，建設電務實為國家之要政，豈可放棄不加整理，
而終任其竊割不予設法制止乎。若欲制止竊線匪風，必
須由各地方長官及各村鎮之負有地方之責者互相維持，
嚴定保護考成賠償專案通行各縣，實力奉行，庶幾竊線
之風得有澈底制止之結果。在各縣長既有考成，自不得

不視保護電線為己任，而竭力切實查辦，在各村鎮團保
等因負有賠償之責，既不能容有匪類藏匿鄉間及他處竊
匪潛來行竊，並可聯合村鎮全體之力偵緝而守禦之。似
此官民合力，上下相助，嚴密防杜，標本兼治，將來風
清匪絕，豈僅電政有整頓之希望。否則非惟交通阻滯，
貽誤報務，亦且影響收入，挹注無從，則電政前途祇此
竊線一端即可頻於傾覆之危境。至賠償一舉，就目下表
面觀之，似覺又增人民擔負，然實際上果能實事求是，
輔助長官之耳目，則匪類絕跡，自無竊線之案發生，更
毋庸其賠償矣。除將官長保護電線考成及村鎮團保等協
助保護賠償條例擬定數條以供採擇外，即祈裁酌轉呈政
治分會，提交會議議決發行省政府施行，以資補救而維
電政，相應函達請煩查照核奪辦理等由，並附擬具考成
及賠償條例前來。查近來湖北境內各路電線被匪竊毀之
案層見迭出，曾經呈請省政府暨清鄉督辦公署通令各縣
縣長及各軍警切實保護，並嚴緝竊犯，務獲重懲在案。
乃各縣縣長輕視電政，從未破獲一案，以致匪風愈熾，
竊線之案日多。通電以桿線為命脈，雖由各省工務長負
責巡護，而制止竊線，緝拿竊犯究為各工務處力所不能
及，全恃各縣縣長及沿線村鎮團保一體協助保護，並認
真緝拿竊犯，懲一儆百，以遏匪風。現值訓政開始，上
項竊線案件如不設法制止，則妨害交通，將來軍政商情
貽誤，何堪設想。據稱前情，可否仰懇鈞會提交會議議
決轉令湖北省政府施行以資補救而維電政之處，理合檢

同該工務課長所擬各縣縣長保護電線考成條例暨各村鎮團保賠償條例備文轉呈，敬祈鈞會俯賜鑒核，實為公便。謹呈中央政治會議武漢分會主席李。湖北電政管理局局長刁燦桂。

茲將該工務課長擬具各縣縣長保護電線考成及各村鎮團保等協助保護賠償條例附呈鑒核採擇。

計開

一、各縣縣長如遇竊線案不能破獲者　記過一次

一、積案二次仍不能破獲者　記大過一次

一、記大過二次者　即予撤任

一、各村鎮團保等如在該管地方電桿被毀一根　賠償四元多，則類推

一、電線被竊割一檔　賠償一元五角，多則以此類推

一、各縣縣長該管縣內除向不竊線縣分外如三月內無竊線案者　記功一次

一、半年無竊線案者　記大功一次

一、記大功逾二次者　酌予升遷

一、各村鎮團保等如該管地方除向不發生竊線村鎮外，三月內無竊線者應由該管縣長呈請褒獎

議決案

日　　期　十七年八月十四日（星期二）下午一時

地　　點　本會

出席委員　張知本　胡宗鐸　張華輔　嚴　重

請假委員　白崇禧　陳紹寬　魯滌平　劉嶽峙　李隆建
主　　席　李宗仁出席五中全會，臨時公推張知本代主席
秘 書 長　翁敬棠
紀　　錄　李載民　謝遠湛

主席恭讀總理遺囑，宣告開會。
秘書長報告處理事務並執行第二十次常會議決各案經過。

討論議事日程

（一）擬向政府建議整理漢冶萍公司案（主席提出）

議決：候調查情形，擬定詳細計劃再行核議。

（二）整理湘鄂株萍兩路及增進萍冶煤鐵運輸事業案
　　　（主席提出）

議決：分函國民政府、農礦、交通兩部核議辦理。

（三）湖北電政管理局呈電線迭次被竊擬定各縣長保護
　　　考成及各鎮團保賠償條例請鑒核案（主席提出）

議決：令兩湖省政府轉令民政廳嚴切責成各縣縣長切實保
　　　護，勿得疏忽，毋庸另訂條例。

〔（四）（原暫不公布）為派遣專員赴歐美各國實地考
　　　查政治經濟狀況並訪求專門人才回國從事建設工
　　　作案（胡委員宗鐸提）

議決：派潘宜之同志為赴歐美考查政治專員，給予考查旅
　　　費川資兩萬元。〕

比較重要文件報告

武漢政治分會秘書處逐日處理公文書情形，除尋常事件
列入本會逐日辦事情形表外，茲將處理比較重要文件經
過分類列舉報告於左：

（甲）關於建設者計二件

（一）湖南建設廳呈報應立湖南建設計劃委員會附呈條
例履歷祈察核備案由

指令嘉勉並准備案。

（二）領江同業人民呈為組織輪船公司領江公益會擬具
簡章祈備案並懇轉咨交通部核准由

函轉交部，暨令湖北建設廳查核辦理並批。

（乙）關於財政者計五件

（一）湖北財政廳呈為奉令核議湖南建設廳請將該省第
一紗廠所運棉花免稅一案未便遽開先例呈復鑒核由

轉令湖南建設廳知照並指令。

（二）鄂岸淮鹽公所魚代電為湘岸淮商因省政府停止借
款抵稅並追繳前收債項及拍賣商鹽一案派代表來漢請
願懇主持公道維持漢市由

送財委會。

（三）湘岸淮商公所請願書為該省財委會對於湘政府歷
年以鹽稅抵借淮商之款停止償還並拍賣商鹽一案詳陳
事實理由請鑒核由

送財委會。

（四）漢口總商會呈為湘省政府將該省鹽稅抵借淮商債

款停止償還並拍賣商鹽一案與本埠影響甚鉅乞設法維
持由

送財委會。

（五）湖北省商聯會呈為據情轉請將郝穴鹽務掣驗分所
撤銷由

送財委會。

（丙）關於軍政者計二件

（一）第二十一軍副軍長兼師長向成傑灰電為灰日至株
州防次將該軍第四團部隊完全解決地方安堵如常特電
聞由

轉第四集團軍總司令部。

（二）湖南酆縣第四區民兵自衛團呈為擬具掃平荊竹井
岡各山匪巢計劃及善後策略祈迅電湖贛清鄉督辦署飭
屬切實施行由

轉令湖南清鄉督辦公署核辦。

（丁）關於民政者計一件

（一）平江縣清鄉委員會冬代電為該縣經防軍第五獨立
師團長彭德懷據城叛變後地方糜爛懇迅飭軍政長官籌
賑撫卹並發還槍彈由

令湖南省政府核辦。

（戊）關於實業者計一件

（一）劉召圖虞電為衡陽軍械局奉令結束所有廠內機件
器具等業經由廳派員接收籌備改辦民生工廠電復察核由

指令仍仰積極籌備。

（己）關於密件者計一件

　（一）蔣總司令樞密魚電據情轉請查酌派隊會同任軍長

應岐兜勦李老末吉維成兩股匪由辦法

　轉第四集團軍總司令部。

（庚）關於雜件者計七件

　（一）魯滌平何鍵魚電請明定孔聖祀典整頓教育確定德

義方案由

　電復。

　（二）河南省政府江電擁護五全中會由

　存。

　（三）湖北財政廳呈覆漢口多聞里第二十五號可撥作圖

書編印館館址並函公安局轉飭七區署勒限住戶尅日搬

遷請鑒核示遵由

　轉知圖書編印館麥、江兩委員。

　（四）武漢圖書編印館呈為報告前次接收中央印刷所機

件仍寄存所內時有十七軍衛士進駐該所上項機件應如

何處置候裁由

　函第四集團軍司令部請轉令遷移。

　（五）財政委員會送到第七次常會議決案

　擇要報告。

　（六）湖北省政府送到第三十四次政務會議議事錄

　擇要報告。

　（七）湖南省政府送到第二十三次常會紀錄

　擇要報告。

第二十二次常會

議事日程——十七年八月十七日（星期五）下午一時

（一）湖北全省商會聯合會呈請關於手工國貨完全免稅
　　　並轉飭所屬通令購用案（主席提出）

（二）湖南禁煙局呈報湖南禁煙暫行條例及各縣市製藥
　　　所暫行章程請鑒核案（主席提出）

（三）擬創辦漢長及兩湖全境長途電話案（主席提出）

提案理由並附件

（一）湖北全省商會聯合會呈請關於手工國貨完全免稅
　　　並轉飭所屬通令購用案（主席提出）

提案理由

據湖北全省商會聯合會呈略稱屬會代表大會期間據武昌總
商會、保安、新洲、安陸、胡金、長江各縣鎮商會提議呈
請，凡關於手工製造之國貨一律准其免稅，並推廣用途以
資提倡。其理由有二：（一）查中國婦女紡織工作最為勞
苦，日夜操作，健者僅能糊口，弱者不克謀生。國府軫念
民生，對於土布一再展限，減徵半稅，屬會正擬提案，請
求免稅，適奉財政廳公函奉省政府令准國府內政部咨國府
第六十六次會議公決手工土布完全免稅，其餘生活必需之
國貨會商調查，稅率分別檢免等因。查手工土布名目繁
多，至自行染漂壓滾之各項國布以及棉紗、棉線、絲線等
類，俱係手工所製，均應請免稅。（二）查日本侵略主義

暴露，全國已一致對日經濟絕交，惟絕交要點厥為提倡購
用國產，聞內政部曾經有人提議各省學校教員、學生一律
穿著國布，果能實行，洵足崇儉去奢，惠工興國，但須推
廣各界，極力提倡等由。經屬會決議轉呈在案，理合呈請
察核轉飭所屬通令購用等情。復准第四集團軍總司令部函
轉前情到會，應如何辦理之處，敬候公決。

附原呈及函

湖北全省商會聯合會常務委員呂超伯等呈

呈為呈請關於手工國貨完全免稅並推廣用途，振興國產，
仰祈鑒核施行。竊屬會代表入會期間，准武昌總商會、
保安、新洲、安陸、胡金、長江各縣鎮商會提議略稱呈
請提議凡有關於手工製造之國貨一律准其免稅，並懇推
廣用途以資提倡事。竊查中國人民惟婦女為最苦，婦女
工作惟紡織為最勞，窮終日之力出紗不過數兩，盡長夜
之功成布難殼一疋，強健者僅能糊口，薄弱者不克謀生。
然貧民生計全賴自為，日用要須純係土產，國民政府軫
念民生，對於土布由額稅而減徵半稅，由一限而遞展兩
限，其欲完全豁免此稅者，已非一日。今商等聯合會議
正欲提議此案，適奉財政廳公函奉省政府令准國民政府
內政部咨國府第六十六次會議公決手工土布完全免稅，
其餘生活必需之國貨，會商調查稅率，分別減免等因。
仰見國府體恤民隱，無微不至，見聞所及，緘默不言，
則是自外生成。今日凡有關於手工所製之布名目繁多，
有以地名者如府河、岳口、銀口、保安、黃岡、陽邏等

處是也，有以布名者如柳條格子、印花膠竹、各種色布
是也。一推之於自染、自漂、自壓、自滾之各項國布，
無一非手工而成，再推之於棉紗、棉線以及蔴線、絲線
等類，均係手工所製，此皆應請免稅者也。釐稅既免，
則出品日多，出品既多，則用途必廣。日前聞內政部曾
經有人提議各省學堂上自教習，下至學生，一律均著國
布，果能切實舉行，一倡百和，風行草偃，內地之國貨
增高，外來之劣貨自少。況棉紗堅能耐久，煖能禦寒，
價廉物美，人所共知，齒民以此授衣，衞文以此興國，
惠工之道亦不外此。現時風俗日壞，奢侈太過，從此去
奢從儉，返樸歸真，不言富而自富，不圖強而自強，惟
在上者有以提倡之。商等目擊時艱，培養風化，挽回人
心，在此一舉，狂夫之言，聖人擇之，為此不揣冒昧，
提出議案，呈請大會轉呈各當軸，對於凡有關於民生手
創之國貨一律准予免稅，並懇轉飭所屬勸告軍警、人民、
學生均用國貨，推廣用途，庶於民生實業兩有裨益等由，
經屬會決議轉呈在案。查日本侵略主義暴露以來，對日
絕交問題風起雲湧，全國已趨一致。惟絕交最要之點，
厥為提倡國產，使劣貨不能行銷於中國，則漏卮既塞，
經濟自裕，強國富民，舍此莫由。理合將呈請手工國貨
完全免稅，並推廣用途、振興國貨各緣由，備文呈請鈞
會察核轉飭所屬一致通令購用，實為公便。謹呈武漢政
治分會主席李。

國民革命第四集團軍總司令部公函

逕啟者。案據湖北全省商會聯合會常委呂超伯等呈稱呈為呈請關於手工國貨完全免稅並推廣用途，振興國產，仰祈鑒核施行事。竊屬會代表大會期間准武昌總商會保安、新洲、安陸、胡金、長江各縣鎮商會提議略稱呈請提議凡有關於手工製造之國貨一律准其免稅，並懇推廣用途以資提倡事。竊查中國人民惟婦女為最苦，婦女工作惟紡織為最勞，窮終日之力出紗不過數兩，盡長夜之功成布難縠一疋，強健者僅能糊口，薄弱者不可謀生。然貧民生計全賴自為，日用要需純係土產，國民政府軫念民生，對於土布由額稅而減徵半稅，由一限而遞展兩限，其欲完全豁免此稅者，已非一日。今商等聯合會議正欲提議此案，適奉財政廳公函奉省政府令准國府內政部咨國府第六十六次會議公決手工土布完全免稅，其餘生活必需之國貨，會商調查稅率，分別減免等因。仰見國府體恤民隱，無微不至，見聞所及，緘默不言，則是自外生成。今日凡有關於手工所製之布名目繁多，有以地名者如府河、岳口、金口、保安、黃岡、陽邏等處是也，有以布名者如柳條格子、印花膠竹、各種色布是也。一推之如自染、自漂、自壓、自滾之各項國布無一非手工而成，再推之於棉紗、棉線以及蔴線、絲線等類均係由手工所製，此皆應請免稅者也。釐稅既免，則出品日多，出品既多，則用途必廣。日前聞內政部曾經有人提議各省學堂上自教習，下至學生，一律均著國布，果能切實

舉行，一倡百和，風行草偃，內地之國貨增高，外來之
劣貨自少。況棉紗堅能耐久，煖能禦寒，價廉物美，人
所共知，齒民以此授衣，衛文以此興國，惠工之道亦不
外此。現時風俗日壞，奢侈太過，從此去奢從儉，返樸
歸真，不言富而自富，不圖強而自強，惟在上者有以提
倡之。商等目擊時艱，培養風化，挽回人心，在此一舉。
狂夫之言，聖人擇之，為此不揣冒昧，提出議案呈請大
會轉呈各當軸，對於凡有關於民生手創之國貨一律准予
免稅，並懇轉飭所屬勸告軍警、人民、學生均用國貨，
推廣用途，庶於民生實業兩有裨益等由，經屬會決議轉
呈在案。查日本侵略主義暴露以來，對日絕交問題風起
雲湧，全國已趨一致，惟絕交最要之點厥為提倡國產，
使劣貨不能行銷於中國，則漏巵既塞，經濟自裕，強國
富民，舍此莫由。理合將呈請手工國貨完全免稅並推廣
用途振興國貨各緣由備文呈請鈞部俯賜察核，准予轉飭
所屬一致通令購用，實為公便等情，據此相應函請貴分
會核辦為荷。此致中央政治會議武漢分會。

（二）湖南禁煙局呈報湖南禁煙暫行條例及各縣市製藥 所暫行章程請鑒核案（主席提出）

提案理由

據湖南禁煙局局長羅棻呈報遵照部章參酌湖南現狀擬定
湖南禁煙暫行條例、徵收稅款條例、各縣市製藥所暫行
章程，均經呈報湖南省政府核議修正通過在案。除徵

收稅款條例另文呈送並呈報財政部外，茲將禁煙暫行條例、製藥所章程呈報鈞會請鑒核等情到會。應如何辦理之處，敬請公決。

附湖南禁煙暫行條例及各縣市製藥所暫行章程各一件。

湖南禁煙暫行條例

第一條　本條例依照修正國民政府禁煙條例及修正省政府組織法第九條第九款，並參酌湖南現時狀況制定之。

第二條　凡在湖南區域內人民一律禁吃鴉片煙，其因不能即時戒絕者應報明禁煙機關認定戒絕期限，由禁煙機關登記檢定給照後，得免刑事處分，但戒絕期至遲不得民國十九年十二月三十一日。關於登記檢定給照各辦法另定之。

第三條　凡戒吃鴉片煙者經禁煙機關檢定給照後，准給相當戒煙藥品，或令入戒煙所依執照期限分別戒決。如一時不能用藥品戒絕者，暫用藥膏，但仍須依限逐漸遞減。至改用藥品戒決，其辦法另定之。其在二十五歲以下之人民，除確有重病經醫生證明酌准展限外，絕對不准暫用藥膏，應勒令入戒煙所立即戒絕之。

第四條　凡在湖南區域內一律不准私種煙苗，但為製藥之需要，經禁煙機關特許者得限制其栽種。其在本條例施行前查有已經私種者，得於條例公布後三個月內報由禁煙機關登記審定需要數量，

酌予收買或剷除。其限制及檢查辦法另定之。

第五條　凡在湖南區域內，人民一律不准私運鴉片煙類，但在禁煙期限內為製藥之需要，應由禁煙機關專運，或經禁煙機關之特許得核發護照，准其承運。其辦法另定之。

第六條　凡在湖南區域內人民一律不准私藏鴉片煙類，但經禁煙機關特許暫存有曾貼部頒印花證明為製藥用者不在此限。

如在本條例施行前所存應報明禁煙機關定價收買，或令補稅粘貼部頒印花並限制其用途，其辦法另定之。

第七條　凡在湖南區域內人民一律不准私賣鴉片煙類，但在禁煙期限內得由禁煙機關特許，依本條例規定並限制其數量分配發售。其辦法另定之。

第八條　凡在湖南區域內一律不准私製鴉片，煙膏須由禁煙機關製藥所配製發售。

前項藥膏未製發前，另定臨時辦法。

第九條　凡湖南區域內所有吃食鴉片器具一律禁止製造販賣或收藏，但業已製成經禁煙機關特許准售檢定給照者不在此限。

第十條　凡販賣戒煙藥膏及丸散等類須呈請禁煙總局檢查化驗，並呈奉財政部核准方准出售。其檢驗辦法另定之。紅白丸及代吃食鴉片用之嗎啡針，或類似鴉片煙效用之高根、海洛因、嗎啡等類

一律禁絕，但為製藥用經醫師證明及政府核准者不在此限。

第十一條　湖南禁煙事宜設置機關如左：

（一）禁煙總局：省設禁煙總局總理全省禁煙事宜。

（二）禁煙分局：凡繁要區域內得設禁煙分局。

會同該地民政長官處理各該區域內禁煙事宜。

（三）禁煙分所：凡非繁要區域，各縣得於各縣附設禁煙分所，由總局派委各縣長兼辦禁煙事宜，其兼辦禁煙之各縣得由禁煙總局委派專員會同辦理。

（四）勒戒所：設立製藥所之縣市於　定期間內設勒戒所，掌理該管區域內人民戒煙事宜。

（五）查驗所：凡輸運特貨必經之地點得設查驗所專司查驗事宜。

（六）公棧及製藥所：凡總分局所附設公棧及製藥所，經理戒煙藥科或藥膏之儲存及保管配發事務。

（七）護緝隊：凡總分局所應酌設護緝隊管理護運緝私及解送人證事項。

前項第五款之查驗所及第七款之護緝隊，凡未設有此項機關之地方得由總分局所委託該地警察代行職務。

第十二條　關於鴉片煙等類藥品，除由財政部徵收特稅另定規章外，湖南禁煙總局徵收此項印花稅仍照左列規定：

（一）舶來藥料每兩徵收一元以上

（二）普通藥料每兩徵收五角以上

十八年前項增稅一倍，十九年再遞增一倍。其辦法另定之。

第十三條　凡禁煙所須證照、稅票、印花等類一律由財政部印行頒發填用，在未奉財政部印行頒發以前，暫由總局印製轉送湖南省政府財政廳加蓋核驗戳記頒發應用。

第十四條　凡未經特許而私種、私運、私賣、私製、私吃、私藏鴉片煙類者，依現行刑律及其他法令之規定從重處斷。供前項犯罪所用之動產、不動產沒收之，但房屋不在此限，沒收之動產、不動產以其權利屬於犯人者為限。官吏包庇縱容犯第一項之罪者依現行刑律及其他法令之規定分別從重處斷，軍人犯第一項之罪或包庇縱容他人違犯者，應由該管長官從嚴處辦。

第十五條　凡犯本條例之罪者由普通審判機關以簡易程序審判之，審判煙犯時各該地禁煙機關得派員陳述意見，但由其他軍警緝獲煙犯逕送審判機關者，在審理之前通知該地禁煙機關。

第十六條　凡上訴案件審核案情並無理由者，上訴中對

於沒收物品及罰金得暫予執行，上訴審判決無罪確定後，應將暫予執行之沒收物品及罰金發還之。

第十七條　凡犯本條例之罪，判決後得由禁煙機關協助執行。

第十八條　關於禁煙官吏考核獎懲辦法另定之。

第十九條　關於軍警協緝人民舉發及罰款充賞規則另定之。

第二十條　本條例遇有增改必要時，得隨時修改呈請核准後施行。

第廿一條　本條例呈准公佈施行。

湖南禁煙總局暫訂各縣市製藥所章程

第一條　本章程依照國民政府修正禁煙條例第十一條甲項規定，於本省煙民眾多之縣市設立製藥所。

第二條　各縣市製藥所承禁煙總局命令辦理戒煙藥料或藥膏之製造、保管、配發事項。

第三條　各縣市製藥所置所長一人，由總局委任，呈報武漢政治分會財政委員會、湖南省政府備查。

第四條　各縣市置藥所設置左列各課：

調查課　專司查緝私煮私售煙土煙膏事項

製藥課　專司購入原料製造藥料事項

配發課　專司藥料裝儲加貼印花驗照配發藥料事項

收支課　專司銀錢出納及冊報事項

　　　　繁要縣市之製藥所得加設文書、稽核兩課。

　　　　各課設主任一人，由總局遴委課員若干人，由所
　　　　長委任呈報總局查核。

第五條　各縣市製藥所斟酌事務繁簡，得設置事務員、
　　　　書記。

第六條　各縣市製藥所應查驗總局所發禁煙執照，依照煙
　　　　民癮量配發藥膏，無執照者不許購取。

第七條　各縣市製藥所得憑照一次配發煙民十日需用藥
　　　　膏，其距離較遠者准一次購取可供一月需用之藥
　　　　膏，但須將執照上已經配發月日填注發給字樣，
　　　　以免重行購取。

第八條　凡旅行過客攜有執照者，准向居留地製藥所購取
　　　　藥膏。

第九條　煙民購取藥膏後不得供他人吸食，違者以私設煙
　　　　館論罪。

第十條　煙民癮量減小應許減量購取藥膏，但偽稱減量而
　　　　私煮、私買、吸食者從嚴處罰。如係私買，並追
　　　　查出賣人併案罰辦。

第十一條　煙民煙癮戒斷應准繳銷執照停止購吸藥膏，
　　　　　但偽稱戒斷而私煮、私買、私吸食者，從嚴
　　　　　處斷。後仍許請領執照，按照癮量向製藥所
　　　　　購吸。本條之私賣煙膏煙土罪並論之。

第十二條　各縣市製藥所成立後不許私售，煙土煙膏應存
　　　　　儲公棧，其不願存貯公棧者應由製藥所驗明

加封，只許運出境外銷售，或由所備價購用。

第十三條　各縣市製藥所得斟酌情形設置製藥分所及代
銷處，但須呈准總局核准備案。

製藥分所及代銷處之章程另定之。

第十四條　各縣市製藥所所用印花分二元、一元、五角、
二角四種，此項印花由總局製印發交各製藥
所領用，仍加蓋領用機關戳記以資識別。

第十五條　各製藥所所製藥膏按照藥料優劣分甲乙丙丁四
種發售，但藥膏價值須照時價估計，不得過高。

第十六條　製藥所貯人藥膏鐵盒在藥膏已經用盡即須拋
棄，或由製藥所備價收用，如以此次膏盒貯
入私煮、私買煙膏者，查明從嚴處罰，照本
條之私賣罪業論之。

第十七條　本章程至十八年十二月三十一日止為有效期間。

第十八條　本章程如有未盡事宜，得隨時修改之。

第十九條　本章程自核准公布日施行。

（三）擬創辦漢長及兩湖全境長途電話案（主席提出）

提案理由

查長途電話之設於行政措施、軍事調遣及地方實業交通
均有重要關係，現在江蘇、山西等省全省各縣此項設備
皆已完成，在政府方面一切號令瞬息可達，上下無壅，
考察易周，在社會方面報達商情、互遞消息，尤稱利便。
兩湖地處衝要，事業倍繁，武漢長岳各地尤為商務所萃，

此種建設實不容緩，況各縣多在清鄉中，對於電話需要尤極迫切。茲擬由兩省分途舉辦先行設立漢口長沙間長途電話，次及其他繁盛市鎮，再次及於各縣，務期達到兩省境內完全遍設之目的，庶幾脈絡貫通，呼應靈便，是否有當，敬候公決。

議決案

日　　　期	十七年八月十七日（星期五）下午一時
地　　　點	本會
出席委員	張知本　胡宗鐸　張華輔　嚴　重
請假委員	白崇禧　陳紹寬　魯滌平　劉嶽峙　李隆建
主　　　席	李宗仁出席五中全會，臨時公推張知本代主席
秘 書 長	翁敬棠
紀　　　錄	李載民　謝遠湛

主席恭讀總理遺囑，宣告開會。
秘書長報告處理事務並執行第二十一次常會議決各案經過。

討論議事日程

（一）湖北全省商會聯合會呈請關於手工國貨完全免稅並轉飭所屬通令購用案（主席提出）
議決：（甲）關於手工國貨免稅一節函財政部統籌辦理。
　　　　（乙）關於購用國產一節交兩湖省政府辦理。
（二）湖南禁煙局呈報湖南禁煙暫行條例及各縣市製藥

　　所暫行章程請鑒核案（主席提出）

議決：交財政委員會查核。

（三）擬創辦漢長及兩湖全境長途電話案（主席提出）

議決：交兩湖省政府轉飭各該省建設廳籌劃辦理。

比較重要文件報告

武漢政治分會秘書處逐日處理公文書情形，除尋常事件列入本會辦事情形表外，茲將處理比較重要文件經過分類列舉報告於左：

（甲）關於財政者計十一件

　　（一）財政部函為鄂岸緝私局長一職已批飭仍用鹽務緝私局名義由榷運局長暫行兼代復請查照由

　　送財委會。

　　（二）湖南省政府呈為奉飭撥交長岳口內地稅局附徵湖北堤工捐一案因軍費緊急挪借三萬元為清鄉費俟下月如數歸還請核准並轉飭知照由

　　指令應迅行如數歸還以重工款，並轉令湖北省政府轉行堤工經費保管委員會知照。

　　（三）財政委員會秘書處送到第四五號本會交辦文件週報表二紙會報告

　　（四）湖南財政廳長呈為湘省釐金實行新章以樹新稅先聲為裁釐初步資呈釐金新章合刊一本祈鑒核備案由

　　送財委會。

　　（五）湖北堤工經費保管委員會呈請通令荊沙長岳新堤

各口內地稅局及宜昌禁煙分局將前後代徵堤捐尅日掃數清解嗣後應按旬報解並嚴禁各軍提借以維堤政祈鑒核示遵由

送財委會。

（六）駐宜特務員田永謙為宜昌禁煙稅款近來未解該處核收奉電飭撥軍餉無從應付請示遵由

送財委會。

（七）長沙總商會呈為釐金新章有難以遵辦情形懇令湘省政府召集商人參照湖北稅則詳加修改在未修改前仍照舊章辦理茲派王葭生張甲南商陳一切祈鑒核由

送財委會。

（八）各省商聯會總事務所魚代電為據情轉請將川鹽過宜三項附加捐共九元概行裁撤並盼電復由

送財委會。

（九）淮南湘鄂西皖四岸運商清吉昌等呈為湘省政府歷借淮商債款忽議停償恐慌萬狀懇電湘政府照約履行由

送財委會。

（十）中東輪船公司呈為得利輪船代商運鹽受累被扣多日懇飭即予放行由

送財委會。

（十一）漢口蛋業商會呈為湖北財政廳變更慈善蛋捐釐金複徵超過正稅一案懇令撤銷回復原案由

批案經湖北財政廳明白指示，所請應勿庸議。

（乙）關於建設者計一件

（一）漢口電報局元代電為奉交部令飭接濟湘省電料茲已配齊乞飭湘鄂路局備車趕運由

轉令湘鄂鐵路局，並電湖南省政府知照。

（丙）關於軍政者計二件

（一）衡山縣長陽代電為共匪黃雲卿現充第三十六軍二師六團二營王有部兵士請電令該管長官拿辦由

函第四集團軍總司令部轉飭查明核辦。

（二）樊城商會真電為據該鎮商民呼籲南路軍索取開拔費時所發漢票無法應兌經一律去電止兌請備案

批存，候查辦。

（丁）關於外交者計二件

（一）第四集團軍總司令部函為接漢口三井洋行支店函以長沙外交後援會扣留該行所售肥田粉並拘押楊熊二人請放還等情請核辦由

令湖南省政府查明核辦，並覆。

（二）湖北交涉員呈為奉令交涉沿江修築馬路拆除太古洋行建築物一案據英領覆稱照例應予相當賠償請轉詢價值若干等語請鑒核由

令武漢市工程委員會查明擬覆，並指令。

（戊）關於雜件者計二件

（一）湖北省政府送到第三十五次政務會議議事錄

存。

（二）湖南省政府送到第二十四次常會紀錄

存。

第二十三次常會

議事日程——十七年八月二十一日（星期二）下午一時

（一）湖北省政府主席擬設鄂西鄂北行政委員並擬具條例
　　　呈請示遵案（主席提出）

（二）提倡本國毛織製造以裕民衣案（主席提出）

提案理由並附件

（一）湖北省政府主席擬設鄂西鄂北行政委員並擬具條
　　　例呈請示遵案（主席提出）

提案理由

據湖北省政府主席呈略稱鄂省輻員遼闊，屬府又遠處下
游，對於鄂西、鄂北吏治民情恆苦，鞭長莫及，加以軍
隊複雜，統系不明，人民艱於跋涉，末由告訴。縣長懾
於威力，不肖者因緣為奸，賢者無法匡救民眾疾苦，格
於上聞，即令照例請示，而長途展轉，往往時遇境遷，
坐失事機。現值訓政開始，經緯萬端，一縣之內，尚須
分設鎮區，交通不便，情勢特殊，僅由屬府公文遙制，
斷難悉中機宜。查廣東當東江南路初平之際，曾分設四
區行政委員，成績卓著，前事可師，茲擬就舊日施宜，
兩府區域設鄂西行政委員，郇襄兩府區域設鄂北行政委
員，以便察吏安民，興利除害，並擬訂暫行條例提出屬
府政務會議議決審查修正通過，理合檢奉條例呈請鑒核
施行等情到會。應如何辦理之處，敬候公決。

附原呈及條例

呈為擬設置鄂西鄂北行政委員並擬具條例仰祈鑒核備案事。竊查鄂省輻員遼闊,屬府又遠處下游,對於鄂西、鄂北吏治民情,恆苦鞭長莫及。加以軍隊複雜,統系不明,人民艱於跋涉,末由告訴。縣長懾於威力不肖者因緣為奸,賢者亦無法匡救民眾疾苦,格於上聞,即令照例請示,而長途展轉,往往時遇境遷,坐失事機。現值訓政開始,經緯萬端,一縣之內,尚須分設鎮區,況該處距離極遠,交通不便,情勢又復特殊,僅由屬府公文遙制,斷難悉中機宜。查廣東當東江南路初平之際,曾分設四區行政委員,成績卓著,前事可師,茲擬就舊日施宜兩府區域設鄂西行政委員,鄖襄兩府區域設鄂北行政委員,以便就近察吏安民,興利除害,並擬訂暫行條例提出屬府第二十九次政務會議討論。當經決議推屬府嚴、胡、張、石、孫、但六委員審查,湯院長參加,復經屬府第三十四次政務會議決議修正通過。所有擬設置鄂西鄂北行政委員緣由,理合檢奉條例備文呈請鑒核施行。謹呈中央政治會議武漢分會主席李。附呈湖北省政府鄂西鄂北行政委員暫行條例一份。湖北省政府主席張知本。

湖北省政府鄂西鄂北行政委員暫行條例

第一條　　本省政府為監察鄂、西鄂北各縣吏治,督促庶政進行,特設鄂西鄂北行政委員。

第二條　　鄂西設行政委員一人,其管轄區域為左列各縣:

　　　　　宜昌　五峯　長陽　遠安　巴東　秭歸　興山

鶴峯　恩施　宣恩　利用　咸豐　建始　來鳳

鄂北設行政委員一人，其管轄區域為左列各縣：

鄖陽　鄖西　房縣　竹谿　竹山　保康　襄陽

南漳　宜城　棗陽　穀城　均縣　光化

第三條　行政委員由湖北省政府政務會議任用，呈報武漢
政治分會備案。

第四條　行政委員各應於所轄適中之地設署辦公。

第五條　行政委員受湖北省政府及各廳之監督指揮，依據
法令督率該管區域各縣官吏執行行政事務。

行政委員對於前項所列以外之官吏，如受該主管
官廳之合法委託時亦得督率之。

第六條　行政委員於不抵觸中央及省政府之法令範圍以內
得發布單行法規或命令，但須呈報各該主管官廳
核轉省政府備案。

第七條　行政委員於所轄官吏之命令或處分認為違法越權
時得停止或撤消之，仍報省政府及主管官廳備案。

第八條　行政委員於所轄官吏認為應予獎勵或懲戒時，須
摘敘事實呈報各該主管官廳轉呈省政府核辦。

第九條　行政委員遇所轄官吏有犯罪實據應受刑事處分
者，得逕行撤任看管呈請各該主管官廳轉呈省政
府核辦。

第十條　行政委員遇所轄官吏因臨時事故出缺時，其所遺
之缺得先行委員代理，同時呈請各該主管官廳遴
員接任。

第十一條　行政委員於所轄各縣之水路公安局署人員及省
　　　　　防隊之駐在該管區域內者，得指揮調遣之。

第十二條　行政委員遇大股匪眾或非常事變須用兵力時，
　　　　　得就近逕請該管區域內軍事長官酌派，並報明
　　　　　該管最高軍事長官或呈請省政府核辦。

第十三條　行政委員得置秘書、科長、科員及巡視員若干
　　　　　人，其組織如另表。前項職員以外因繕寫文件
　　　　　及助理事務，得僱辦事員、錄事各若干人。

第十四條　木條例由湖北省政府政務會議議決後施行，並
　　　　　呈請武漢政治分會備案。

湖北省鄂西鄂北行政委員公署組織表		
職別	員額	備考
行政委員	一	受湖北省政府及各廳之監督指揮，依據法令督率該管區域各官吏執行行政事項。
秘書	一	承行政委員之命，掌理機要、核擬文稿及辦理行政委員指定事項。
科長	三	分為第一、第二、第三等科，承行政委員之命，分掌民政、財政、教育、建設、農礦、工商事務。
科員	八	承長官之命，分別佐理各科事務。
巡視員	四	承行政委員之命，輪流視察各縣吏治。
辦事員	八	承長官之命，助理各科事務及繕寫文字。
錄事	六	
衛士	二十	承長官之命，分別管理全署警衛及傳遞事項。
公役	二六	承長官之命，分任傳達、打掃、炊爨及一切服役。
合計	職員三十一人 衛士、工役共四十六人	

行政委員公署預算表			
職別	員額	月薪	月支總額
行政委員	一	五百元	五百元
秘書	一	二百四十元	二百四十元
科長	三	每員月薪二百四十元	七百二十元
科員	八	一等科員三員，每員月薪一百六十元；二等科員三員，每員月薪一百三十元；三等科員二員，每員月薪一百元	一千零七十元
巡視員	四	每員月薪二百元，旅費實報實銷	八百元
辦事員	八	一等辦事員四員，每員月薪七十元；二等辦事員二員，每員月薪六十元；三等辦事員二員，每員月薪五十元	五百元
錄事	六	每員月薪三十元	一百八十元
衛士	二〇	衛士長一人，月餉二十四元；一等衛士四人，每人月餉十八元；二等衛士六人，每人月餉十五元；三等衛士九人，每人月餉十二元	二百九十四元
公役	二六	一等公役六人，每人月餉十八元；二等公役十人，每人月餉十五元；三等公役十人，每人月餉十二元	三百七十八元
辦公費			一千元
合計五千六百八十二元			

（二）提倡本國毛織製造以裕民衣案（主席提出）

提案理由

衣食住行為民生四大需要，當此建設伊始，依照建國大綱所載，政府當與人民協力共謀織造之發展，以裕民衣，是則織業之振興，政府自應負其責任。默察年來衣服物品之需要，毛織品漸較其他織品為多，將來社會各業日臻發達，毛織品以堅實耐久之故，用途必當更廣。查此項物品之大多數均由外邦輸入，若不自籌織造，匪但漏巵弗塞，且以關係民生之重大需要，竟至仰賴外人，又豈立國之道。吾國皮毛之產素稱饒給，因地取材尤有運輸利便，亟應飭由各地商會分任提倡勸導設立工廠，政府對於此項事業並應特加獎勵，助其發達。茲提出辦法如左：

一、西北各省為皮毛出產之地，凡係運入內地充織造之用者，經過各關卡一律減免稅額。

二、國有各鐵路對於前項皮毛之運輸，應酌量予以便利。

三、織成之毛織品如係運往國內各省銷售者，經過各關卡一律減免稅額。

四、政府所屬機關遇有需用毛織品時，應盡向國內各工廠採購。

查兩湖物產夙稱豐阜，武漢尤全國中心，今為遠大之計，應於現有麻紗各廠而外籌設毛織物製造廠，或將湖北有黜呢廠設法恢復，以為人民之倡。將來此項事業如能發達，行銷全國不言可喻，至進行之時，如有涉及他機關職權者，應由本會函請國民政府設法扶助，庶有合於協力共謀以裕民衣之宏旨。是否有當，敬候公決。

議決案

日　　期　十七年八月二十一日（星期二）下午一時

地　　點　本會

出席委員　張知本　胡宗鐸　張華輔

請假委員　白崇禧　陳紹寬　魯滌平　劉嶽峙　李隆建
　　　　　嚴　重

主　　席　李宗仁因事赴滬，臨時公推張知本代主席

秘書長　翁敬棠

紀　　錄　李載民　林眾可

主席恭讀總理遺囑，宣告開會。

秘書長報告處理事務並執行第二十二次常會議決各案經過。

討論議事日程

（一）湖北省政府主席擬設鄂西鄂北行政委員並擬具條
例呈請示遵案（主席提出）

議決：准予備案。

（二）提倡本國毛織製造以裕民衣案（主席提出）

議決：先令湖北建設廳籌備恢復湖北氈呢廠，其他各節
俟籌有頭緒再行分別核辦。

比較重要文件報告

武漢政治分會秘書處逐日處理公文書情形，除尋常事件
列入本會辦事情形表外，茲將處理比較重要文件經過分
類列舉報告於左：

（甲）關於教育者計二件

（一）國立武漢大學籌備委員會呈報籌辦情形請鑒核由
指令仰遵大學院令積極辦理，期早觀成。

（二）私立湖北法政專門學校同學會呈懇令湖北省政府
撤銷原議俾得遵章續辦由
批既經湖北教育廳考查應行停辦，並提出省政府會議通
過，所請應毋庸議。

（乙）關於財政者計十二件

（一）海軍總司令駐漢辦事處函為漢口茂宸公司化名寶善公司私販日鹽經海軍截獲請飭財委會按照財部核准鄂岸緝私定章主持辦理俾資結束由

交財委會。

（二）湖北省政府呈為據財政廳呈報業將各徵收機關斟酌裁併情形請鑒核由

指令嘉勉，仍期積極進行，並交財委會查照。

（三）湖北財政廳呈為據漢口永興商輪公司呈稱萬和萬壽兩輪並無在湘境闖關抗驗等情照繪原圖呈核由

轉令湖南財政廳並指令。

（四）武漢衞戍司令部呈為奉令查究萬和萬壽兩輪衝關一案經派員查明該輪木有闖關情事呈復核辦由

轉令湖南財政廳並指令。

（五）財政委員會呈為准湘省政府電俸薪減成請令在湘各稅收機關一律辦理業經查照通令遵辦請備案由

指令准備案。

（六）財政委員會呈贛滬漢間鈔票運送暫行規則請備案由

指令准備案。

（七）襄鄖財政專員刪電為暫委黃華新代理襄樊捲煙特稅局長宋穎初代理煤油特稅局長由

交財委會。

（八）淮南湘鄂西皖四岸運商清吉昌等呈為湘政府二次拍賣淮鹽乞迅電該政府取銷前後各令所有各項債務仍照

約履行由

交財委會。

（九）漢口銀行公會元代電為聞全國經濟會議擬將財政公債另案推廣及全國財政會議截止已發金融公債變更前所公佈條例懇力予維持由

交財委會。

（十）萍鄉煤礦礦長凌永善呈請撥借洋十萬元擬以礦煤運漢分期攤還候示遵由

令湖南省政府核示並指令。

（十一）各省聯商會魚代電為據宜昌商會電稱宜昌二五稅局私製稅單苛勒等情請電制止並將該局長撤職法辦並盼電復由

交財委會。

（十二）旅漢長郡會館呈為湘省政府新頒釐制懇飭緩行或修改由

交財委會。

（丙）關於軍政者計四件

（一）第四集團軍總司令部函為據情轉請令湘省政府並函贛省政府迅將在逃共匪韋章等之年齡籍貫職業特徵列一詳表送桂省政府飭屬協緝嚴辦由

分別轉行湘贛省政府查照辦理並復。

（二）第十四軍軍長陳嘉祐刪電為該軍各部業已自行縮簡俟中央裁兵計劃就緒更當努力遵行望一致贊成由

電復。

（三）魯滌平何健銑電為率隊親涖安源與駐軍蕭團商剿共匪由

電復，並轉送第四集團軍總司令部。

（四）陶鈞刪電為奉令清鄉進抵襄樊匪軍聞風逃竄正分路進剿由

存。

（丁）關於外交者計一件

（一）漢口市商界對日經濟絕交委員會呈為已經登記領有通行證之日貨被湖南人民反日外交後援會扣留請函湘黨務指委會及湘政府轉令將貨發還並令以後對於有通行證之日貨一律查明放行由

令湖南省政府查明核辦並批。

（戊）關於密件者計一件

周西成樞密真電為共匪賀龍在桑植一帶經陳師剿擊勢已窮途當易肅清湘黔交界之匪早飭邊防駐軍剿辦尚覺安謐由

辦法轉函第四集團軍總司令部。

（己）關於雜件者計二件

（一）湖南省政府送到第三十六次政務會議議事錄

擇要報告。

（二）財政委員會送到該會第八次常會紀錄

擇要報告。

第二十四次常會

議事日程——十七年八月二十四日（星期五）下午一時

（一）核定兩湖施政大綱案（主席提出）

（二）湖北省政府主席為財廳呈稱發還湖北官錢局產業
執照契約案經全國財政會議審查通過抄錄原呈提
案及審查案請鑒核施行案（主席提出）

（三）漢口電報局長呈為各機關電報多不付費請明定規
章以免藉辭矇混乞示遵案（主席提出）

提案理由並附件

（一）核定兩湖施政大綱案（主席提出）

提案理由

查本會第一次常會議決分令兩湖省政府各地方情況擬具
行政綱要呈由本會核議施行在案，旋據兩省政府先後呈
送前來，嗣湘省來呈又略有修改，茲經審核完畢，按其
所列綱目。揆之最近情形，有國民政府已經頒布者，自
宜遵守勿渝；有兩省政府已見施行者，尤當策進罔懈；
有本會及兩省政府所曾籌議者，則須以全力推行，促及
實現。當此破壞方終，建設伊始，雖中央嘗有制定訓政
綱要之議，而頒佈施行尚須時日，本會及兩省政府承遞
嬗絕續之交，必先有因應時宜之策，乃可資為準的，日
起有功。將來中央訓政綱要頒佈而後，此項方案在不違
反中央所定原則之下，仍可因地制宜，輔所不逮。特將

各該政府原案加以審核彙為一編，意在歸納眾長成為整個計劃，擬即分行兩省依照施行。是否有當，敬候公決。

（二）湖北省政府主席為據財廳呈稱發還湖北官錢局產業執照契約案經全省財政會議審查通過抄錄原呈並原提案審查報告請鑒核施行案（主席提出）

提案理由

據湖北省政府主席呈據財廳呈略稱十六年一月國府財政部製定整理湖北金融公債條例總額二千萬元，以七百萬元收回官錢局舊票，規定舊票百串兌換公債千元，其餘數額以一部償還國民政府新債，一部抵借現金，一部撥充中央銀行漢口分行基金，指定湖北官錢局全部產業為第一擔保品，湖北省出產運銷二五特稅為第二擔保品。嗣因上項公債發行總數僅六百萬元款，由中央挪用，其用以收換官錢局舊票者僅四十九萬五千六百四十六元。竊湖北官錢局產業原屬省有，其本身糾葛甚多，而舊票又為官錢局之負債，均應亟為清理，現此次全國財政會議經職廳擬具意見：（一）湖北省政府對於收換官錢局舊票發行之金融公債票額承認由官錢局產業擔保償還，其餘發行額數與官錢局舊票無關，自不能以其產業提供擔保。（二）整理湖北金融公債基金保管委員會提取之官錢局執照及契約，應請交由湖北省政府接收保管。（三）未收回之官錢局舊票部分，由湖北省政府負責清理。查上項公債未發之額既決定不發，已發之額為數無

多，內地稅一項已足擔保，白無官錢局產業提供之必要。
經提交財政會議第四次大會重付審查，本年七月十日大
會復據審查報告通過，理應附錄全案呈請轉呈武漢政治
分會令行整理，湖北金融公債基金管理委員會遵照議案
將湖北官錢局產業執照契約一併發還以憑保管等情，理
合轉呈鈞會鑒核施行等因。應如何辦理之處，請公決。
附原呈及提案審查案

呈為呈請事。案據財政廳廳長張難先呈為發還湖北官錢局
產業執照契約一案業經提交全國財政會議審查通過祈鑒轉
請施行等情，附抄呈提案審查案各一紙到府。除指令外理
合抄錄原呈連同提案審查案各一紙，備文呈請鈞會鑒核施
行。謹呈中央政治會議武漢分會。計抄呈財政廳原呈一
件，提案、審查案各一紙。湖北省政府主席張知本。

呈為發還湖北官錢局產業執照契約一案業經提交全國財
政會議審查通過仰祈鑒核轉請施行事。竊查十六年一月
國民政府財政部製定整理湖北金融公債條例總額二千萬
元，以七百萬元收回官錢局舊票，規定舊票百串兌換公
債十元，其餘數額以一部分償還國民政府新債，一部分
抵借現金，一部分撥充中央銀行漢口分行基金，並指定
湖北官錢局全部產業為第一擔保品，湖北省出產運銷
二五特稅為第二擔保品。嗣因上項公債發行總數僅六百
萬元款，中央挪用，其用以收換官錢局舊票者僅四十九
萬五千六百四十八元。竊湖北官錢局產業原屬湖北省有

性質，其本身糾葛甚多，而舊票又為官錢局之負債，均應亟為清理，徒以擔保品金融公債之故，以致湖北省政府整理計劃莫由實現。此次全國財政會議經職廳提案交由第四次大會重付審查，七月十日大會復據審查報告通過，是案業經確定湖北官錢局產業全部應即發還湖北省政府，理應呈由中央政治會議武漢分會轉行整理湖北金融公債基金管理委員會遵照議案，將湖北官錢局產業執照契約一併發還，以憑保管。除將全案抄錄附呈外，理合具文呈請鈞府鑒核俯予轉請施行。謹呈湖北省政府附抄呈提案各一紙。財政廳長張難先。

金融組公債組請發還湖北官錢局產業執照契約案
提議人湖北財政廳長張難先

湖北官錢局創辦於清，鄂督張文襄發行官票，活潑金融，不獨行使於本省市場，信用昭著，即長江一帶鄰近各省，莫不周轉稱便，樂於使用，故在清末湖北省政府因有此基礎，才有一部分建設之表現。民元以後，北洋軍閥盤據搜括，利用濫發官票漁利，以致倒塌，影響於社會金融，遂使湖北一省財政成焦頭爛額之狀。去歲國民政府蒞鄂發行整理湖北金融公債二千萬，以湖北官錢局全部財產為第一擔保品，湖北省出產運銷二五特稅為第二擔保品，並規定以七百萬元收回湖北官錢局舊票。嗣因上項整理金融公債發行僅六百餘萬元而止，其款盡由中央挪用，收換官錢局舊票僅四十餘萬元。湖北人民對此甚

為失望，況湖北官錢局產業屬湖北省有性質，為湖北省一切建設金融基礎，其本身糾葛亟待清理。以擔保金融公債之故，致使湖北省政府清理建設之企圖莫由實現，實深惋惜。茲特鄭申明於下：

（一）湖北省政府對於收換官錢局舊票發行之金融公債票額四十九萬五千六百四十八元承認由官錢局產業擔保償還，其餘金融公債發行額數與官錢局舊票無關，自不能以其產業提供擔保。

（二）整理湖北金融公債基金保管委員會提取之官錢局執照及契約，應請交由湖北省政府接收保管。

（三）未收回之官錢局舊票部分，由湖北省政府負責清理。查上項公債未發之額既決不發，已發之額為數無多，只內地稅一項擔保已足，更不必以湖北官錢局產業提供擔保，合併聲明。

金融公債兩組聯席審查案

白委員志鵬提出關於整理武漢債券三案重行審查報告
張委員難先提出請發還官錢局產業執照契約案併入本案查該案由（大會）交付重行審查，茲經金融、公債兩組會同審查所有中央政府前在湖北發行之金融公債及借貸，各項債款應由政府統籌全局，確定基金，發行公債，分別整理，並以新債票換回舊債票，其未發行之金融公債應即截止發行。至原擔保品湖北官錢局產業全部應發還湖北省政府，但從前以金融公債收回湖北台票之款應由湖北省政府撥還

中央，特此報告大會公決。陳其采、白志鵾。

（三）漢口電報局長呈為各機關電報多不付費請明定規章以免藉辭朦混乞示遵案（主席提出）

提案理由

據漢口電報局長白時中呈請，查近來各軍師旅團部及軍部附屬機關均用印電紙發電或函請發給記賬簿，月終給算，多不付費。或因私事亦用電紙發電，強迫收受，或僅用印電紙而不蓋負責人之私章，與之解釋不合章則之手續，請其更改，動輒咆哮加以有意延誤之罪名，以致辦事人無所遵率，雖有部章，亦不適用。本年以來積欠官報費已達五萬餘元，若不設法限制，則援案日眾，官報費等於虛設。擬請明定規章，何者准發特等官電，何者准發一等官電，何者應付現費，何者准予暫記私事，雖用印紙，亦准電局照章收費，以免藉辭朦混。並請分行各機關及軍師旅團部轉飭各附屬機關遵照，並附呈部定發電規章呈請前來。應如何辦理之處，敬請公決。

附原呈一件、部定發電規章一件

呈為呈請事。竊查職局每月報費收入之多寡全恃商報之暢旺，因官軍各電多不付費，綜計月收約在四、五萬元左右。除發給全局員司生薪工局用外，既須分撥本省各電局經費，又須協劑湘贛豫陝經費，平時已無餘存。近年線路朽壞，均因無款，未能大修，每遇風雨，倒桿斷線，時有所聞，加以宵小積竊，時復偷線，各電局材料

多不齊全，為急求通報起見，每用小線駁接，接口既多，時有漏電，故工作極感困難。一遇線路發生阻滯，積壓各報多逾數千通無法拍出，倘不即時交郵遞寄，迨線通後則前壅後繼，愈難疏通。此種情形不獨鄂境為然，即長江上下游亦有同樣之病，外人不察，已時有煩言，雖經多方解釋，仍有不諒。近今無線電台開收商報，取費較廉，不虞阻隔，商人就輕望速，必多改輾，職局首受影響，若不預籌補助，實於全鄂電政所關甚重。查近來各軍師旅團部及軍部附屬各機關如辦事處等均用印電紙發電，或函請發給記賬簿，月終結算，多不付費，又或因私事亦用印電紙發電，強迫收受，或僅用印電紙而不蓋負責人之私章，與之解釋不合章則之手續，請其更改，動輒咆哮加以有意延誤之罪名，以致辦事人無所遵率，雖有部章，亦不適用。自本年一月以來，各處積欠官報費已達五萬元，若不設法限制，則援案要求日眾，官報費等於虛設。伏念鈞會為全省最高機關，自有兼顧統籌之計，擬請明定規章，何者准發特等官電，何者准發一等官電，何者應付現費，何者准予暫記私事，雖用印紙亦准電局照章收費，以免藉辭朦混，並請分行各機關及軍師旅團部轉飭各附屬機關遵照，俾職局辦事有所遵率，並得以維持全省電務，裨益實大。所陳是否有當，理合據情呈請，併附呈部定發電規章一紙伏為鑒核批示祗遵。謹呈武漢政治分會。

照錄交通部請規定官軍電報收費及限制辦法提議書

提議請明定官軍電收費辦法並限制軍政機關拍發印電及加急電報，以利戎機而維電政。竊一等印電向係照商電減半收費，並限定政府各部及軍政最高長官方得拍發。乃近來各省軍政機關記賬電費積欠至鉅，濫發一等印電，無論私人私事，動輒加國急限即刻到字樣，長篇累牘，不可勝數，以致線路壅塞，軍報貽誤，而商電因之積壓，更無法救濟。近據各局呈報困難情形，甚至有藉團體軍隊名義強迫免費發電者，多方解釋，仍不免有所誤會，自非明定收費並限制辦法，報務無由整理。明知官軍電同屬公報，然不收費，無以杜濫發，即無以疏通報務。謹擬規定官軍電收費及限制軍政機關拍發印電及加急電報辦法分條提議，是否有當，呈請公決。

（一）凡中央黨部執行委員會政治會議、各省省黨部政治分會、軍事委員會各總司令、各路總指揮、各軍長各師長用印電紙發電列特等，不論明密加急，照一等電再減半收費（本省二分，出省四分），提前先發。

（一）凡國民政府中央各部、各省省政府用印紙發電列一等，不論明密加急，照商電減半收費。

（一）除明定各機關外，其他軍政長官職權與明定機關相等者，得呈請中央政治會議議決咨國民政府令行交通部轉飭各電局遵照。

（一）凡明定各機關用印紙發特等一等電者，除於公署所在地各電局或專設報房發電，其報費可暫行記賬，每

月月底由各該電局造冊具領。惟是項印紙由各機關發交委員或代表及其代職員攜往他處，因公發電須書明職名及蓋章，方可按照特等一等分別減收報費，仍一律付現，不得記賬，惟材料等費概不另收。

（一）除明定機關外，其他軍政機關報告軍務得發一件四等電，其拍發次序與一等同，惟電費照尋常商電付現。

（一）凡特等一等急電因事務之緩急，仍以國民革命四字為序，惟國急電報衹准用緊急軍情，由軍事委員會各總司令、總指揮、軍長、師長所發者為限，其餘各機關遇有緊急電報冠以民急二字，次要者冠以革急或不冠字僅加急字，由主管長官審慎加用，以免緩急倒置，傳遞後先失宜，致誤戎機。非關緊急而冠國急者，得由各電局檢呈交通部咨請所發機關長官處分之。

（一）發特等一等通電除改各省各機關得簡用各省字樣，並須填明分抄某某機關，其往各地黨部各軍隊各團體各報館等等，均須提明某地某黨部某軍隊某團體報館等，以免電局無法分送。

（一）作戰區域得由總司令規定官軍電臨時辦法，咨請交通部飭屬遵照。

（一）凡為私事遞發特等一等印電者，各電局得照商電收費，並將原電鈔呈交通部轉知所發印電紙之機關核辦。

議決案

日　　期　十七年八月二十四日（星期五）下午一時

地　　點　本會

出席委員　張知本　胡宗鐸　張華輔　嚴重

請假委員　白崇禧　陳紹寬　魯滌平　劉嶽峙　李隆建

主　　席　李宗仁因事赴滬，臨時公推張知本代主席

秘 書 長　翁敬棠

紀　　錄　李載民　林眾可

主席恭讀總理遺囑，宣告開會。

秘書長報告處理事務並執行第二十三次常會議決各案經過。

討論議事日程

（一）核定兩湖施政大綱案（主席提出）

議決：令行兩省政府準照施行。

（二）湖北省政府為財政廳呈稱發還湖北官錢局產業執
　　　照契約案經全國財政會議審查通過抄錄原呈提案
　　　及審查案請鑒核施行案（主席提出）

議決：根據全國財政會議原案，令整理湖北金融公債基
　　　金管理管理委員會將湖北官錢局產業執照契約一
　　　併交由湖北財政廳保管，並分別令知湖北省政府
　　　及財政委員會。

（三）漢口電報局長呈為各機關電報多不付費請明定規
　　　章以免藉辭朦混乞示遵案（主席提出）

議決：令財政委員會查明該局收支情形再行核議。

〔臨時動議〕

（一）（原暫不公布）湖北禁煙局長呈為該局調查員因
　　　搜拿私土被巡警毆傷抄送診斷書請將該管理局長
　　　嚴予處分並飭將兇犯交法院懲辦以維禁政案（主
　　　席動議）

議決：令交法院依法嚴辦。

比較重要文件報告

武漢政治分會秘書處逐日處理公文書情形，除尋常事件
列入本會辦事情形表外，茲將處理比較重要文件經過分
類列舉報告於左：

（甲）關於教育者計三件

　（一）湖南省政府呈復籌辦義務教育經過情形並呈暫
　行條例請備案由

　　指令仍督飭教育廳認真辦理。

　（二）國立武漢大學籌備委員會呈為遵大學院令函聘
　李四光為武大建築委員長麥煥章為委員呈報備查由

　　指令呈悉。

　（三）前國立武昌師範大學學生石清鑑等呈陳失學苦
　況請設法救濟由

　　轉令武漢大學籌委會核辦，並批。

（乙）關於實業者計一件

　（一）湖南省政府為據萍鄉保安儲煤公司呈報籌備組
　合公司維持萍礦請備案等情茲事不歸湘省管轄如何辦

理請示遵由

指令遵照本會議決案查明具復。

（丙）關於財政者計十件

（一）財政部函復郵運捲煙除確完統稅貼足印花外仍
照徵郵包稅以杜混漏請令財委會轉飭鄂捲煙局遵辦由

交財委會。

（二）財政部函為英美花旗兩煙公司否認牌照稅一案
已由外部向駐滬英美領事交涉務令遵章報繳函復檢照
由

交財委會。

（三）財政部函為宜昌商會李坤元等請將食鹽三項附
稅蠲免一案附抄原呈請酌核由

交財委會。

（四）財政委員會函送七月份收支款項清冊及函稿希
查核由

存。

（五）財政委員會函呈該會辦事細則乞備案由

指令備案。

（六）湖南省政府主席財政廳長呈該府常會議決豁免
欠賦辦法業令各縣遵辦抄錄辦法及布告請示遵由

指令先行准予備案，仍候國府核示。

（七）湖南財政廳呈該廳七月份收支表冊請備案由

交財委會。

（八）鄂豫火車貨捐局呈遵令臚舉火車貨捐陋規名目

中飽額數擬具辦法祈核由

交財委會。

（九）湖南長沙常德暨各縣總商會代電為省政府頒布
釐金新章釐率加重懇令撤銷由

交財委會。

（十）湘鄂木商臨時聯合會代表呈請飭湖南省政府更
正釐率實估實徵由

交財委會。

（丁）關於軍政者計一件

（一）第四集團軍總司令函為准函請轉飭三十六軍將
漢文輪交財廳管業一案據該軍長復稱該輪係將軍團陳
漢卿逆產經政府沒收撥歸該軍修用等情希傳飭知照由

轉行知照。

（戊）關於司法者計一件

（一）湖南各縣市黨務指導委員請願書為土劣梁經銓
等勾結匪軍陳漢卿誣殺同志蔡剛懇處置由

令湖南省政府查覆。

（己）關於雜件者計三件

（一）湖北省黨務指委會函為准函制定標語辦法業經
照辦請查照由

存。

（二）湖北省政府送到第三十七次政務會議議事錄

存。

（三）湖南省政府委員會送到第二十五次常會紀錄

存。

第二十五次常會

議事日程——十七年八月二十八日（星期二）下午一時

（一）湖南匪災急賑委員會電懇維持中央議決抽收兩湖
特稅附加一成賑濟湘災原案通令實行以惠災黎案
（主席提出）

（二）湖南建設廳呈報考查萍礦情形並呈修復湘東木橋計
畫書請核示案（主席提出）

（三）湖南魯主席何軍長電請整理安源礦廠救濟工人以維
治安案（主席提出）

提案理由並附件

（一）湖南匪災急賑委員會電懇維持中央議決抽收兩湖
特稅附加一成賑濟湘災原案通令實行以惠災黎案
（主席提出）

提案理由

據湖南匪災急賑委員會代電略稱中央議決抽收兩湖特稅附
加一成賑濟湘災一案已交財委會核議，頃奉該會函據兩湖
督禁局呈稱特稅率重未便附加等語到會。竊思財委會對於
此案應就徵解手續範圍核議，不得有所推翻，況抽收特
稅，寓禁於徵，與其他稅收性質不同。且此間災情日劇，
就近籌募，惟此較為大宗的款，今以片面請求取銷定案，
使無數災民陷於絕境，法律事實兩有未合。除呈請湘省政
府遵照議案就本省先行開辦外，務懇准予維持原案，通令

尅日實行等情。應如何辦理之處，敬候公決。

附原代電

武昌政治分會鈞鑒。前奉令開中央議決抽收兩湖特稅附
加一成賑濟湘災一案已交財委會核議，頃奉財委會函據
兩湖督禁局呈稱特貨稅率過重，此項附加未便抽收等語
到會。竊思財委會核議此案祇應以徵解手續為範圍，不
能於根本上有所動搖，況各省抽收特稅原屬寓禁於徵，
與其他稽徵專求擴充稅收推廣銷路者性質絕不相同。且
此間災情愈演愈劇，全國皆知，而就近籌募，惟此項收
入較為大宗有著之款，今以該督禁局等片面之請求取銷
中央議決之定案，且斷絕無量數災民之生命，實於法律
事實兩有未合。本會責任所在，未忍緘默，已呈請湘省
政府遵照議案就本省先行開辦。惟鈞會主持兩湖全局，
對於湘災既有統籌兼顧之責，必抱一視同仁之心。謹代
全省災黎淚泣請求，務懇准予維持原案，通令刻日實行，
萬家生佛，功德無量。臨電無任，悚惶待命之至。湖南
匪災急賑委員會叩。巧印。

（二）湖南建設廳呈報考查萍礦情形並呈修復湘東木橋
　　　計劃書請核示案（主席提出）

提案理由

據湖南建設廳長呈稱前奉指令以萍礦關係重要，應設法
恢復，仰派員妥商辦法速籌開工等因，當派員前往遵照
辦理。查該礦重要工程迄今未停頓，機件亦皆完好，其

他處廠雖有大部停卸，尚無重大損失，採煤照常工作，留局員工尚有五千餘人，生活係自採自售。現因防軍合地方富戶商號組有保安儲煤公司墊款接濟，至於出產有餉可發則日出煤七八百噸，否則無工到班。該委員與該礦商議全部開工辦法，擬具整頓辦法十則，開拓工程三時期，預算共需三十五萬餘元，靜候令准，即可重新開工。再株萍鐵路關係該礦運輸，刻該路湘東橋斷，極感困難，懇請轉催交通部撥款興工，以利路礦，並附報告計劃等書到廳。茲事體大，雖與湘省不無關係，究不歸湘省管轄，抄呈原報告等書請示辦理前來。應如何辦理之處，敬候公決。

附原呈一件

呈為呈請事。案查前呈據株萍鐵路管理局局長劉競西電呈萍礦無人負責懇設法救濟一案，奉指令呈悉，查萍礦關係重要，亟應從速設法恢復，所呈各節尚屬實情，茲經議決，仍仰該廳長就便遴派得力人員先行赴贛，委商辦法，迅速籌備開工，仍將辦理情形呈報核備等因。當經派委饒靖國前往遵照辦理，茲據復稱奉委即趨赴該礦分別廠處細心考查內外工程現狀。查悉窿外工程，如電機處及直井打風抽水等機器一刻不能停頓之重要工程迄未停頓，所有機件均皆完好，製造處、修理廠雖有大部停卸，尚無重大損失，惟須速備機料以供維持。煉焦爐雖未開工，然以爐為磚製損壞無幾，開工尚易，惟裝煤鋼桶與洗煤台之篩洗傳送各機件多為鋼鐵薄片及木版合

成，裝載煤水故鏽朽甚易，修理需款。此外工程之大概
情形也。窿內工程之抽水打風亦係刻未停頓，故尚無水
淹氣閉之患，而採煤廠巷如經一星期不修，勢必全部坍
塌，前功盡棄，幸賴當事員工努力維持，不能停頓者照
常工作，雖有坍塌尚可補救。此窿內工程之大概情形也。
惟留局員工尚有五千餘人，其生活係自採自售，十分困
苦，前者每人日得五分或一角。現因防軍蕭希賢團長熱
心保救，集合地方富戶商號組有保安儲煤公司為之墊款
接濟，然以招股不易，基金難籌，且礦大本小，粥少僧
多，不敷分配之象日呈於前，眾所目睹，無能救助。至
於出產一項，有款發餉則每日可出煤七、八百噸，否則
無工到班，工作停頓，固屬難支，危險尤為可慮。委員
會集該礦礦長凌善永暨全礦工人代表與之商籌全部開工
辦法，僉謂漢冶萍總公司既無財力不能過問，我等雖有
心救礦，無如基金毫無何能長久支持，如政府際此給款
收辦，全礦無不聽令努力工作，以圖恢復等語。隨與商
妥整頓辦法十則，開拓工程三時期，並擬具開工請款及
常月費預算表各一紙，計共需三十五萬餘元。一俟奉准
給款，請將修理費提前發下，常月費在開工以前發下，
而周轉基金可於開工後補足。此刻估計日出一千二百噸，
月贏餘五萬餘元，但以後結果定不祇此數額。在該局惟
候鈞令，當即自行結束前欠，全部重新開工。再株萍鐵
路關係該礦運輸極為密切，此刻該路湘東橋斷，路礦咸
感困苦，茲由該路局取得呈請交通部修復該橋之圖表說

略一份，資懇轉催交通部撥款興工，早日告成，以利路
礦。合併附陳所有奉令考查萍礦情形商籌開工各緣由，
分別章節彙集成冊，理合呈覆懇請鑒核轉呈等情，附資
報告計劃等書到廳。查該員考查及商籌各項尚屬詳善，
惟茲事體大，雖與湘省不無關係，究不歸湘省管轄。應
如何辦理之處，理合鈔呈原資報告等書呈請鈞會察核指
令祇遵。謹呈中央政治會議武漢分會主席李。計鈔呈委
員饒靖國報告書一本、株萍局修復湘東木橋計劃書一本。
湖南省政府建設廳長劉召圖。

（三）湖南魯主席何軍長電請整理安源礦廠救濟工人以維治安案（主席提出）

提案理由

湖南魯主席、何軍長篠電稱於安源會剿共匪，捕獲首要多
名。安源礦山向為共匪根據地，工人多被煽惑，礦工萬餘
恃礦廠為生活，自共黨搗亂，礦廠搖動，鐵路橋被水衝
壞，迄未修復，運輸困難，工人失業。現今蕭團長設法救
濟善後之方，亟待籌措，請派員整理以免工人失業，而維
湘贛治安等因前來。應如何辦理之處，敬請公決。

附原電一件

國急。南京政府主席譚、軍事委員會主席蔣、武漢政治
分會主席李鈞鑒、南昌王軍長勛鑒。（一）銑辰電呈計
達職健與蕭團在安源會剿共匪，連日捕獲首要多名，已
將曾束延、余克敏等訊實正法，機關破獲殆盡。安源礦

山向為共黨根據地，工人多被煽惑，現蕭團督同地方成
立臨時清共委員會，自首者達五百餘人，極力清黨以圖
挽救。（二）此間礦工萬餘全恃礦廠為生活，自去歲共
黨搗亂，礦廠搖動，今春鐵路湘東橋被水衝壞，迄未修
復，交通阻礙，煤難輸出，以致金融枯竭，全廠恐慌。
共黨亟思乘機破壞礦廠，挾失業之萬餘工人為暴動工具，
幸蕭團鎮攝召集紳商組設保安公司，以煤產為擔保品抵
借現款，發行紙幣，救濟金融，維持礦產，得免巨禍，
苦心孤詣，甚屬可嘉。然此僅能救濟一時，而善後之方
亟宜籌措鉅款遴派幹員及時整理，庶工人不致失業，湘
贛兩省賴以治安，事關重要，萬懇察納。職魯滌平、何
健謹呈。篠印。

議決案

日　　　期　十七年八月二十八日（星期二）下午一時
地　　　點　本會
出席委員　張知本　胡宗鐸　張華輔　嚴　重　陳紹寬
請假委員　白崇禧　魯滌平　劉嶽峙　李隆建
主　　　席　李宗仁因事赴滬，臨時公推張知本代主席
秘 書 長　翁敬棠
紀　　　錄　李載民　林眾可

主席恭讀總理遺囑，宣告開會。
秘書長報告處理事務並執行第二十四次常會議決各案經過。

討論議事日程

（一）湖南匪災急賑委員會電懇維持中央議決抽收兩湖
　　　特稅附加一成賑濟湘災原案通令實行以惠災黎案
　　　（主席提出）

議決：現在禁煙局已經交由地方政府接辦，應轉行湖北、
　　　湖南兩省政府核辦。

（二）湖南建設廳呈報考察萍礦情形並呈修復湘東木橋
　　　計劃書請核示案（主席提出）

議決：甲、關於保安儲煤公司一節，前經令行湖南省政
　　　　府轉行湖南建設廳查覆，應俟覆到再行核辦。
　　　乙、關於修復株萍鐵路湘東木橋一節，應函請交
　　　　通部迅飭該局迅行修復。

（三）湖南魯主席何軍長電請整理安源礦廠救濟工人以
　　　維治安案（主席提出）

議決：歸併第二案，俟湖南省政府復到再行核辦。

比較重要文件報告

武漢政治分會秘書處逐日處理文書情形，除尋常事件已
列入本會逐日辦事情形表外，茲將處理比較重要文書經
過分類列舉報告如左：

（甲）關於外交者計一件

　　（一）武漢衛戍司令呈復為在押韓人李善枝可否開釋
　　案應候日領依期檢證交交涉署再行核示乞鑒核由
　　抄函轉達陳果夫部長，並指令。

（乙）關於民政者計二件

（一）劉嶽峙電呈湖南行政官吏考試完畢取中名額由

電覆嘉獎。

（二）河南賑災委員會電為該省迭遭兵燹等災請廣募

賑款由

電復。

（丙）關於財政者計四件

（一）財政委員會造送第六第七兩號文件周報表由

存。

（二）旅鄂粵漢轉運同業公所李澤夫呈為增加釐稅危

害商務請援例分別裁撤由

交財委會。

（三）旅鄂湖南鐵業公會呈為湘鐵加稅請令湘政府根

本修改由

交財委會。

（四）鄂岸榷運局呈遵將緝私司令部結束改稱鄂岸鹽

務緝私局緝私隊遵照部章改編成立乞備案由

指令據呈已悉。

（丁）關於軍政者計一件

（一）湖北堤工經費保管委員會呈請轉函第四集團軍

部將應發獨立第八師軍費項下撥還該會堤捐由

轉函第四集團總司令部。

（戊）關於實業者計一件

（一）湖南瀏陽商會呈請維持爆業由

批現在政府並無此項禁令，仰各安生業，勿自驚擾。

（己）關於雜件者計二件

（一）湖南省政府委員會送該會第二十六次常會紀錄由
存。

（二）湖北省政府送到該府第三十次政務會議議事錄由
存。

民國史料 03

中國國民黨中央政治會議紀錄
武漢分會（上）

Minutes of Central Political Council:
Wuhan Sub Political Council - Section I

編　　者　民國歷史文化學社編輯部
總 編 輯　陳新林、呂芳上
執行編輯　李佳若
文字編輯　詹鈞誌、王永輝、江張源
審　　訂　陳佑慎
封面設計　陳新林
排　　版　盤惠秦、溫心忻
出 版 者　開源書局出版有限公司

香港金鐘夏愨道 18 號海富中心
1 座 26 樓 06 室
TEL：+852-35860995

民國歷史文化學社

10646 台北市大安區羅斯福路三段
37 號 7 樓之 1
TEL：+886-2-2369-691w2
FAX：+886-2-2369-6990

銷 售 處　流成文化 股份有限公司
10646 台北市大安區羅斯福路三段
37 號 7 樓之 1
TEL：+886-2-2369-6912
FAX：+886-2-2369-6990

初版一刷　2019 年 8 月 20 日
定　　價　新台幣 650 元（上下冊不分售）
　　　　　港　幣 180 元
　　　　　美　元 21 元
I S B N　978-988-8637-06-5（上下冊）
印　　刷　長達印刷有限公司
台北市西園路二段 50 巷 4 弄 21 號
TEL：+886-2-2304-0488